PHILIPPE BRETON

Philippe Breton, docteur d'État en sciences de l'information et de la communication, est chercheur au CNRS, et chargé de cours à l'université Paris-I-Sorbonne et à l'université Marc-Bloch de Strasbourg. Il est notamment l'auteur de *L'Éloge de la parole* (La Découverte, 2003), *Argumenter en situation difficile* (La Découverte, 2004) et *L'Argumentation dans la communication* (Repères, 2006).

Argumenter en situation difficile

POCKET Évolution

Des livres pour vous faciliter la vie !

Richard Bandler
Un cerveau pour changer
La programmation Neuro-Linguistique

Cary J. Broussard
Les fées du succès
Réussir sa vie avec l'aide des contes de fées

Mihaly Csikszentmihalyi
La créativité
Psychologie de la découverte et de l'invention

Piero Ferrucci
L'art de la gentillesse
Empathie, générosité, fidélité, loyauté

André Muller
Es-tu heureux ?
Choisir de vivre en harmonie

Astrid Schilling
L'almanach Feng Shui
Pour une vie harmonieuse au fil des mois

Stéphane Szerman
Vivre et revivre
Comprendre la résilience

Philippe Breton

Argumenter en situation difficile

Que faire face à un public hostile,
aux propos racistes, au harcèlement,
à la manipulation, à l'agression physique
et à la violence
sous toutes ses formes ?

La Découverte

Le papier de cet ouvrage est composé de fibres naturelles, renouvelables, recyclables et fabriquées à partir de bois provenant de forêts plantées et cultivées durablement pour la fabrication du papier.

ISBN : 978-2-266-14774-3

Sommaire

Introduction

Vous êtes-vous déjà trouvé face à une situation difficile ? Je veux dire une situation *vraiment* difficile, que vous ne pouviez pas, ou que vous ne vouliez pas éviter ? Pour ce qui me concerne, cela m'est arrivé assez souvent et je n'ai pas le sentiment d'être une exception. Je me suis trouvé à plusieurs reprises mêlé à des situations violentes, des agressions par exemple. J'ai eu à affronter des discussions dures où je peinais à faire entendre mon point de vue. Prendre la parole en public a engendré, au début de ma vie d'adulte en tout cas, une série de souffrances cruelles.

La vie de famille, les relations amicales et professionnelles, si satisfaisantes soient-elles, ne mettent pas à l'abri d'avoir à affronter des situations qui nécessitent un courage et un savoir que l'on n'a pas forcément acquis au berceau. La confrontation avec le racisme, la frustration violente ou les choix politiques extrémistes – phénomènes qui, en France, se sont amplifiés depuis les élections présidentielles de 2002 – ont ajouté une situation nouvelle à toutes celles auxquelles j'avais été confronté jusque-là.

C'est à ce moment précis, en avril 2002, que j'ai pris la décision de systématiser la réflexion que j'avais déjà engagée sur ce sujet dans un cadre professionnel (la recherche et l'enseignement en argumentation et en communication). Persuadé de n'être pas seul à vivre ces expériences et à en souhaiter une meilleure compréhension, en vue d'agir plus efficacement, mais aussi plus humainement face à la difficulté, j'ai pris l'initiative d'écrire ce livre. Il ne s'agit ni d'un ouvrage universitaire ni d'un essai, mais c'est plutôt le partage d'une méthode que j'ai construite à partir de mes expériences personnelles et de mes observations de terrain.

J'ai donc écrit un livre concret, pragmatique, construit autour de présentations de situations vécues pour la plupart (quelques-unes étant empruntées à l'univers, souvent plus réaliste que le réel lui-même, de la fiction). Un livre qui n'hésite pas à mettre en avant une méthode qui devrait permettre à chacun, au prix bien sûr d'une appropriation individuelle, de mieux affronter les situations difficiles de toute nature.

Qu'est-ce qu'une « situation difficile » ?

Car il n'y a pas de situations difficiles dans l'abstrait : je connais des personnes relativement à l'aise dans des situations d'agression brutale mais qui peuvent paniquer à l'idée de prendre la parole devant un petit groupe, même bienveillant. Certaines sont courageuses dans l'adversité la plus rude et peinent à affronter l'ordinaire parfois difficile des situations de couple ou de la relation parents-enfants. Certains durs à cuire au bureau se font vendre n'importe quoi par un vendeur un tant soit peu manipulateur – et en éprouvent une grande frustration. D'autres sont totalement désarmés devant le discours raciste et ne se sentent capables d'y répondre que par la fuite ou la violence, utilisant ainsi les moyens qu'ils condamnent chez les autres.

Le seul critère qui rend une situation difficile est qu'elle est ressentie comme telle par celui qui la vit. Il s'agit donc d'un critère éminemment subjectif. Je tenterai dans ce livre d'aborder une palette assez large de telles situations, de la prise de parole devant les autres, situation ressentie comme violente par beaucoup, jusqu'à l'agression physique, en passant par les situations de manipulation ou de dialogue avec des personnes ayant des points de vue radicalement opposés.

Une méthode simple

Cette méthode est simple en théorie, complexe dans son application, car la vie est complexe, notamment quand cela va mal. Elle s'appuie sur trois principes qui forment un protocole rustique, applicable sur toutes sortes de terrains : dans l'ordre et solidairement, l'objectivation, l'écoute active, l'affirmation argumentée. Ce n'est pas une recette miracle. J'ai simplement observé ceci : quand quelqu'un se sort d'une situation difficile pour lui, c'est l'application, même sans le savoir, de ces trois principes, qui l'y a aidé.

J'ai observé aussi que ces principes avaient un passé, que la méthode était, d'une certaine façon, ancienne. Une analyse des ressources mises en œuvre à certains moments de l'histoire, au moins en Occident, pour réduire la violence de tous les jours et instaurer un minimum de civilité, montre que ces principes y participaient, qu'il s'agisse du renoncement grec à la vengeance privée, de la rhétorique dans l'Antiquité gréco-latine, du détachement stoïcien, de la *civilitas* à la Renaissance, du rôle accru donné à la parole dans les démocraties du monde contemporain.

Une approche humaniste

Cette méthode s'ancre donc dans une tradition humaniste, où le respect de l'autre, de sa dignité, parce qu'il est un autre humain, est une donnée essentielle. Dans ce sens, elle s'écarte d'un courant de pensée plus récent, axé sur la maîtrise du « comportement », qui connaît un grand succès outre-Atlantique où, il est vrai, les conditions culturelles et sociales sont très différentes de ce que nous connaissons en Europe.

Le courant dit « comportementaliste » pense en effet que tout problème a une solution efficace, et que celle-ci est contenue dans des procédures standard, qu'il suffirait d'appliquer à la lettre, indépendamment des sujets et des situations concrètes. Tout n'est pas à rejeter dans ces nombreux « manuels » ou « guides en quinze leçons » pour se sortir de toutes les situations, mais ce n'est pas dans cet esprit qu'a été conçu ce livre.

À qui s'adresse cette méthode ? À tous ceux qui ont été confrontés, comme j'ai pu l'être moi-même, à de telles situations et qui veulent les comprendre, à ceux qui savent qu'un jour ils se trouveront dans des circonstances de ce type et qui veulent s'y préparer, à ceux qui, à la croisée des chemins, préféreront, à la violence ou à l'évitement, la troisième option : l'argumentation, permettant d'appliquer une force qui n'engendre pas de domination, et de faire ainsi reculer la violence. Ce livre est ancré dans une certitude : une société plus douce à vivre est possible et chacun d'entre nous a un rôle à y jouer.

1

La vie en société n'est pas un long fleuve tranquille

Qu'est-ce qu'une « situation difficile » ? C'est en général une situation qui se caractérise par la violence dont elle est porteuse et que nous n'avons pas souhaitée. Malgré d'innombrables progrès faits en la matière, la violence reste tapie au cœur de nos vies quotidiennes.

La violence pourrit le quotidien

Les sociétés humaines ont réussi, à force d'ingéniosité et parfois de drames, à régler un certain nombre des problèmes qui se posent à elles, en matière d'alimentation, d'habitat, de santé, de transport et de communication. Pourtant, l'un des problèmes les plus anciens et les plus préoccupants de l'humanité n'a toujours pas trouvé de véritable solution. La *violence* se trouve toujours au cœur des relations entre les humains. Et cette violence, comme on le dit parfois de façon imagée, « pourrit » la vie au quotidien. Elle empêche les hommes et les femmes de vivre la vie libre et épanouie à laquelle chacun a droit. C'est elle, essentiellement, qui transforme de nombreuses relations sociales en situations difficiles.

La violence est multiforme. Il y a bien sûr la grande violence des guerres civiles ou des conflits entre nations, récurrente dans l'histoire de l'humanité, ou celle du terrorisme. Mais il y a aussi la violence au quotidien, celle des agressions physiques, celle de la violence familiale, mais aussi celle de la manipulation des médias et de la publicité, celle du harcèlement moral ou sexuel à laquelle la vie collective nous expose en permanence, et enfin cette violence sourde présente au cœur des rapports humains, qui risque toujours, si l'on n'y prend pas garde, de dégénérer en agression. Les innombrables conflits de voisinage, les intrusions à domicile, ou encore les violences urbaines qui guettent celui qui sort de chez lui en fournissent une abondante illustration.

Il ne s'agit pas ici de noircir le tableau, ou de se laisser aller aux délices troubles de l'angoisse sécuritaire, mais bien de constater que la violence fait, hélas, partie intégrante de notre vie. Tout se passe, trop souvent, comme si nous ne savions pas vraiment comment faire avec les autres, comment vivre avec eux, et que nous vivions dans une sorte de « peur des autres » permanente. Car ce sont bien sûr toujours les autres qui sont méchants, agressifs et qui ont commencé...

Un symptôme ne trompe pas, c'est celui de la peur que beaucoup d'entre nous éprouvent à parler en public, à prendre la parole devant les autres. Ce symptôme a un corollaire : notre difficulté à écouter les autres, à chercher à comprendre ce qu'ils nous disent. Il faut dire que notre écoute, notre ouverture confiante aux autres, est troublée par la peur, que beaucoup ressentent, d'être manipulés.

La vie sociale est faite en grande partie de situations difficiles, dont la violence est le moteur. Souvent nous cherchons à y échapper, à faire *défection*, pour reprendre le terme du politologue américain Albert O. Hirschmann, c'est-à-dire à éviter les troubles en quittant la situation. Mais ce n'est pas toujours possible, car même si nos sociétés sont devenues individualistes, au moins en Occident, elles n'en sont pas moins des sociétés où nous restons très interdépendants les uns des autres. D'un certain côté, à cause des outils de communication variés qui sont à notre disposition et des réseaux qui nous lient, nous transportent, nous chauffent, nous vivons dans un environnement encore plus collectif qu'avant et il y est parfois difficile d'échapper au regard et à l'attention d'autrui.

Fuir, agir ou parler ?

Face à une situation difficile, une violence qui se met en travers de notre chemin, nous n'avons que trois options à notre disposition :

– recourir soi-même à la violence ;

– fuir, faire défection ;

– prendre la parole, tenter d'argumenter afin de défendre ses positions tout en pacifiant la situation.

Recourir à la violence, quand ce n'est pas un comportement instinctuel et réactif, est un choix personnel. Ce livre ne propose pas de méthode « non violente ». Il ne défend pas un point de vue pacifiste s'appuyant sur une philosophie ou une croyance religieuse. La violence est parfois nécessaire. Il arrive que nous n'ayons pas le choix. Le droit prévoit même une catégorie d'action certes délicate à cerner, mais claire dans son esprit : la légitime défense. Que celle-ci soit détournée par les partisans d'une violence systématique ne change rien à la valeur de cette action, que la justice veut d'ailleurs toujours proportionnelle à l'acte subi. Mais il faut savoir – et c'est là une loi d'airain, mille fois confirmée – que l'option de la violence produit toujours de la violence en retour, sur les autres comme sur soi.

Or, comme j'essayerai de le montrer à travers des exemples, de nombreuses situations violentes, d'agressions physiques même, peuvent se dénouer par la parole. En tout cas plus qu'on ne se l'imagine. Apprendre à argumenter en situation difficile commence aussi par une claire conscience que la plupart des situations violentes peuvent se pacifier. Il faut donc apprendre à discerner ce qui est possible ou non dans ce domaine.

Fuir est souvent possible. Pas toujours. Devoir prendre la parole devant un public hostile, ou qui n'écoute pas, dans un cadre professionnel, se trouver piégé par un vendeur des griffes duquel on n'arrive pas à sortir ou encore, plus grave, être coincé par un agresseur sans avoir de véritable porte de sortie, voilà bien des situations difficiles que je devrai affronter en face, sans avoir véritablement le choix. La question se posera dans toute son ampleur si je suis témoin d'une agression, qu'elle soit de faible ou de forte intensité. Ne pas m'impliquer est la voie la plus facile, parfois la plus raisonnable. Mais cette défection ne va-t-elle pas me laisser un goût désagréable dans la bouche, n'aurai-je pas sur la conscience le poids de la culpabilité d'être resté « neutre » ?

Trois options donc, être violent soi-même, faire défection, ou bien affronter la situation par la parole. Cette dernière attitude est certes la plus exigeante, la moins naturelle, mais aussi celle qui nous implique dans notre humanité profonde. De nombreux obstacles s'interposent sur cette voie. Le résultat est parfois inattendu, mais souvent efficace.

Prendre la parole est – presque – toujours possible. La violence humaine est ainsi faite que, sauf cas exceptionnel, toute violence a une part verbale. Celle-ci est un formidable soutien, un point d'appui pratique pour tous ceux qui veulent tenter d'argumenter, malgré tout, dans une situation difficile. Le but de ce livre est d'explorer, concrètement, cette troisième option, celle de la parole, comme alternative majeure à la violence.

On pourra tout de suite objecter que la parole ne s'oppose pas toujours à la violence, qu'elle est même, plus qu'à son tour, violence elle-même. Bien sûr. C'est d'autant plus vrai qu'avec les changements intervenus dans les mœurs, la plupart des agressions auxquelles nous risquons d'être confrontés ne sont plus physiques mais verbales. Elles visent à atteindre l'autre dans son identité plutôt qu'à le détruire physiquement et utilisent pour cela les mots comme vecteurs de la violence. Ces situations n'en sont pas moins difficiles à vivre.

Aussi faut-il peut-être distinguer entre l'usage des mots pour blesser ou détruire l'autre et la « parole » porteuse de respect pour l'autre, au sens où l'entend par exemple le philosophe Levinas pour qui la parole représente par excellence l'« action sans violence[1] ». Le pouvoir de la parole est peut-être une bonne alternative à la parole de pouvoir.

L'échec des utopies non violentes

De nombreuses utopies ont été imaginées pour rendre la vie sociale moins difficile du point de vue de la violence. Chaque société humaine, en effet, tente de trouver les moyens de réduire les conflits en son sein, ou du moins de les empêcher de dégénérer. Tel était le sens de la loi du talion, qui tentait de mettre un peu d'ordre et de proportionnalité dans la violence. Le christianisme a été une des premières grandes utopies à prendre à bras-le-corps ce problème, en proposant de mettre l'*amour* au cœur des relations entre les hommes.

Ce n'est pas déconsidérer cette religion que de constater qu'elle a en grande partie échoué de ce point de vue, malgré les espoirs et les sacrifices inouïs des premiers chrétiens dans ce sens. Le marxisme, dans son immense générosité originelle, a conçu l'idéal d'une société sans classes, où tous les hommes seraient frères. On sait que la réalité s'est cruellement retournée contre cette intention originelle.

L'approche est aujourd'hui pragmatique et plus modeste. Certains défendent un point de vue radicalement pacifiste, celui de l'« action non violente », qui n'est pas sans grandeur et sans effet, comme l'a montré l'action initiale de Gandhi dans sa lutte contre le mépris

1. Emmanuel LEVINAS, *Difficile liberté*, Albin Michel, Paris, 1976.

et la violence coloniale anglais. D'autres cherchent à activer dans les relations humaines la part d'amour et de respect, comme par exemple ceux, fortement inspirés par le psychologue américain Karl Rogers, qui voudraient placer l'empathie au cœur des relations entre les hommes. Ainsi l'Américain Marshall Rosenberg nous propose-t-il de fonder une « communication non violente » construite sur cette base [1].

Je respecte l'enthousiasme, souvent idéaliste, de ce praticien et je suis comme lui convaincu que l'écoute attentive de l'autre est assurément une ressource importante pour aborder des situations difficiles. Mais elle ne saurait constituer, en soi, une finalité unique.

Peut-être le temps viendra-t-il d'une nouvelle utopie qui trouvera enfin la clé des cœurs et nous permettra de construire une société meilleure, plus douce, comme en rêvaient les anciens Grecs, dont les cités étaient rongées par la guerre civile. En attendant, il faut bien vivre. Une part du destin du monde dépend de la façon dont nous exerçons notre responsabilité individuelle dans ce domaine.

Comme le disait un philosophe latin, Sénèque, ce n'est pas parce que les choses sont difficiles que nous n'arrivons pas à les faire, c'est parce que nous n'arrivons pas à les faire qu'elles sont difficiles. Chacun d'entre nous doit donc apprendre à *faire* pour affronter les situations difficiles qui sont si fréquentes dans notre vie.

Le sujet de ce livre est de réfléchir ensemble au « comment faire » pour aborder la violence des rapports

1. Marshall B. ROSENBERG, *Les Mots sont des fenêtres, ou bien ce sont des murs. Initiation à la communication non violente*, La Découverte, Paris, 2002.

sociaux au quotidien. Plusieurs situations seront abordées :

– la difficulté à engager le dialogue avec des personnes qui ont un point de vue radicalement opposé – comme un(e) adolescent(e) en révolte face à ses parents –, ou que l'on juge inacceptable – comme dans le cas de ceux qui tiennent des propos racistes ou extrémistes ;

– la peur de prendre la parole devant un public, et pas uniquement quand celui-ci est hostile ou n'écoute pas ce qu'on lui dit ;

– la confrontation avec des entreprises de manipulation, que ce soit dans le domaine du commerce, dans celui des médias ou de la politique, mais aussi dans les cas de harcèlement ou de manipulation psychologique ;

– la rencontre avec un ou plusieurs agresseurs qui insultent, menacent ou encore veulent s'en prendre à vous physiquement.

On le voit, la perspective choisie ici ne consiste pas à « changer le monde », à attendre que l'amour, la fraternité ou l'empathie deviennent la règle, ou à s'ingénier à rendre les autres meilleurs, mais plus modestement à s'interroger sur ce que l'on peut faire soi-même, dans une situation donnée, d'une part pour que ce ne soit pas la violence qui prenne les rênes, d'autre part pour obtenir malgré tout un changement acceptable. Il s'agit en somme, à un moment donné, de se rendre la vie moins difficile.

Rencontrer une situation difficile veut-il dire que je ne peux rien faire ? L'espoir de ce livre tient dans une réponse raisonnablement optimiste à cette question.

2

Y a-t-il une méthode pour se sortir des situations difficiles ?

Posons le problème sous un angle pratique : de quelles ressources disposons-nous, pour construire une méthode permettant d'affronter les situations difficiles, de faire face à la violence ? La question de la violence est ancienne et on y réfléchit depuis longtemps. Quelques succès ont déjà été obtenus dans ce domaine. La violence n'est pas constante dans l'histoire de l'humanité et les anthropologues nous apprennent que si la violence des guerres, elle, reste probablement la même depuis la préhistoire, certaines sociétés ont réussi à pacifier les rapports civils d'une façon qui commence à être progressivement satisfaisante, même si cela ne concerne encore qu'une petite partie de l'humanité.

Le but de ce chapitre est d'explorer ce qui, dans l'histoire, a déjà été trouvé comme principes et comme méthodes dans la lutte contre la violence civile et pour la pacification des mœurs. Une partie de ce savoir pratique acquis est sans doute transférable et c'est ce que nous allons tenter de faire ici. Plusieurs pistes s'offrent à nous. Il y en a sans doute bien d'autres, notamment dans d'autres civilisations – on pense au Japon, qui a construit une voie originale dans ce sens. Ces pistes nous emmènent d'abord dans l'Antiquité, à l'humanisme de la Renaissance et nous ramènent ensuite au présent. Ne perdons pas de vue que ce sont les situations actuelles qui nous intéressent ici.

Le renoncement à la vengeance privée

La première piste est la façon dont la société grecque ancienne, qui a tant influencé la culture européenne, a tenté de réduire la violence interne qui la rongeait. Ce n'est sans doute pas la première fois qu'une société humaine se plaint de la violence, mais la grande nouveauté est la croyance qu'il est possible de la réduire et de construire une société « plus douce à vivre ». Jusque-là, la violence était subie comme une fatalité, comme allant de soi, comme une réalité humaine contre laquelle on ne peut rien. Les anciens Grecs formulent un idéal (peut-être même inventent-ils à cette occasion la notion d'idéal) nouveau par sa détermination et son ampleur.

Disons-le tout de suite, la méthode qu'ils trouveront est bonne, mais ils n'arriveront que rarement à l'appliquer. Les cités grecques étaient, on le sait, ravagées par les affrontements entre familles, entre tribus. De véritables guerres civiles fratricides éclataient régulièrement. Les jeux d'alliances, l'obligation de la vengeance conduisaient à une vendetta sans fin. Comme toujours dans la violence, les causes de ces conflits n'étaient pas, vues de l'extérieur, très importantes. Souvenons-nous que la guerre de Troie, si longue et si dévastatrice, qui amena le deuil dans de nombreuses familles grecques et troyennes, a eu comme point de départ... un adultère.

Mais, comme toujours, à la cause réelle se superposent des notions comme l'honneur, la vengeance, qui amplifient à l'infini un petit problème de départ. La grande trouvaille grecque, pour sortir de cette situation de violence sans fin, a été de tenter d'instituer *le renoncement à la vengeance privée.*

Jusque-là, tout était simple : on m'agressait, on insultait un des miens, on subornait ma femme ou ma fille, j'étais dans l'obligation de me venger personnellement. J'entraînais dans cette querelle ma famille entière, qui était obligatoirement solidaire. Et, comme le sang appelle le sang, l'affaire n'avait plus de fin. Car chacun, dans l'autre famille, était à son tour pris dans l'obligation de la vengeance. Certaines sociétés ont poussé le tragique jusqu'à rendre la vengeance obligatoire, relevant d'un « code d'honneur » intangible, impliquant toutes les générations qui suivent.

Comme le montre l'historienne Jacqueline de Romilly [1], pour faire rupture avec ce système meurtrier, les anciens Grecs inventent alors un dispositif étrange et exotique pour l'époque : le tribunal, la « géométrisation de la douleur », comme le dira plus tard Robert Badinter dans une jolie formule, l'institution d'un tiers qui va juger et venger à la place des protagonistes. C'est Eschyle qui, au Ve siècle avant J.-C., raconte le mieux cette histoire en mettant en scène les vengeances indé-

---

1. Jacqueline de ROMILLY, *La Grèce antique contre la violence*, Éditions de Fallois, Paris, 2000.

finiment répétées, le meurtre et la violence qui rongent la famille des Atrides et leur remplacement par une justice qui met fin à ces tueries.

La mise à distance de la violence

Une autre trouvaille grecque, à la même époque et dans les mêmes circonstances, peut nous intéresser. Les Grecs imaginent en effet, pour mettre en garde contre la violence et tenter de la contrer, de la représenter sur scène. Le théâtre grec de l'époque n'a rien à voir avec le loisir cultivé qu'il est devenu aujourd'hui. C'était plutôt un rite annuel auquel l'ensemble de la Cité était convié dans un but précis. Aristote nous dit, dans une phrase célèbre, que cela permettait la « purgation » des passions (la fameuse « catharsis ») : ce mécanisme très précieux de mise à distance de la violence permet d'en mesurer l'horreur et d'en analyser les mécanismes dans une situation où l'on n'est pas concerné directement.

Ce qui nous intéresse ici n'est pas l'institution de la justice. Bien sûr, celle-ci est un ressort important qui a contribué à la réduction de la violence dans les sociétés modernes. Mais la plupart des situations dont nous parlons dans ce livre ne relèvent pas de prime abord des juges et du tribunal, même si cela peut être parfois leur aboutissement logique. Du point de vue de la méthode que nous cherchons à construire, la grande leçon que nous pouvons tirer du monde grec est cette idée de renoncement à la vengeance et de mise à distance de la violence.

Arrêtons-nous quelques instants sur cette notion. La vengeance est au cœur de la violence. Elle lui est intimement liée. Lorsque je subis une violence, le premier réflexe n'est-il pas de la rendre ? Pendant longtemps, on a rendu la violence au centuple. C'est cela précisément que l'Ancien Testament, qui nous renseigne aussi sur la loi civile des anciens Juifs, tente de rompre en instituant la proportionnalité de la vengeance (le fameux « œil pour œil, dent pour dent », qui constitue à l'époque un remarquable progrès, car la vengeance était toujours disproportionnée par rapport à l'acte subi).

Pendant des dizaines de milliers d'années, probablement des centaines de milliers d'années, l'homme n'a connu que cette forme de justice : pour résister à la violence, pour éviter qu'elle ne le mette en péril, pour qu'elle ne fasse pas disparaître sa famille, son groupe, il faut se venger ! La vengeance a peut-être été, pendant longtemps, dans ces époques où les petits groupes humains vivaient dans une grande précarité, une condition essentielle de la survie.

Le désir de vengeance

Mais, dans les sociétés modernes, nous pouvons nous en passer, car les conditions de vie et de survie ont changé. La vengeance n'en reste pas moins profondément enracinée en l'homme, en chacun d'entre nous. La vengeance n'est plus aujourd'hui considérée comme légitime, mais lorsque nous sommes atteints et provoqués par une violence que nous jugeons sans raison ou insupportable, le désir de vengeance tend à reprendre le dessus et toutes ces considérations sont rapidement balayées.

Il suffit de voir le profond désir de vengeance qui s'est emparé à grande échelle d'une grande partie de l'opinion publique, des médias et des responsables politiques aux États-Unis, après que les attentats du 11 septembre 2001 eurent tué, en quelques dizaines de minutes, plus de 3 000 personnes. Ce désir de vengeance n'est-il pas, depuis, au cœur de la politique américaine ?

Ces attentats eux-mêmes étaient très probablement, pour ceux qui les ont conçus, une réplique à ce qu'ils estimaient être des violences intolérables subies par les musulmans. Dans cet atroce drame moderne, le cycle de la vengeance et de la contre-vengeance ne fait sans doute, hélas, que débuter. L'obligation de la vengeance, le refus d'y renoncer expliquent à la fois le phénomène des « martyrs » prêts à se sacrifier pour l'islam, religion pourtant tolérante et pacifique, et la violence (détentions arbitraires, tortures, usage de technologies meurtrières, invasion de pays sans motif légal) en dehors du droit du pays attaqué, l'Amérique, pourtant le plus légaliste et le plus pointilleux du monde en matière de droit.

Il n'y a pas que des exemples à l'échelle mondiale : la vengeance est présente partout au cœur de notre univers quotidien. Chacun d'entre nous a pu faire l'expérience, même s'il ne l'a pas identifiée comme telle, de la bouffée de violence irréfléchie qui s'empare de lui quand il se sent, à ses yeux, injustement agressé, et du désir de vengeance qui l'accompagne. L'homme le plus civil du monde, celui qui, comme on dit, « ne ferait pas de mal à une mouche », peut se prendre à penser que, *dans cette situation*, tout devient possible et légitime. En somme, il y a l'ordinaire de la vie où, bien sûr, les relations sont normales et courtoises, et puis, justement, cette situation-là, qui fait rupture et qui autorise tout.

On sait par exemple qu'une simple rayure faite sur sa voiture peut transformer la plus aimable des personnes en une boule de nerfs prête à se venger lourdement sur l'auteur de l'acte (surtout si la voiture est neuve et si l'individu fait ça sans raison, pour le plaisir).

Autre exemple, que nous traiterons longuement plus loin : entendre des discours racistes a le don de transformer des personnes pacifiques, qui affirment volontiers leur humanisme, en êtres agressifs, réclamant vengeance pour ces propos intolérables (ils le sont effectivement ; la question est de savoir si la vengeance est le comportement le plus approprié). Le désir de vengeance est profondément enraciné dans l'homme.

L'argumentation face à la violence

Retenons des anciens Grecs, qui savaient de quoi ils parlaient de ce point de vue, que le renoncement à la vengeance privée est un élément important de la pacification des situations difficiles. Nous verrons qu'il y a là, peut-être, un élément de méthode qui pourra nous être utile, d'autant que cette nouvelle croyance dans la possibilité de construire une société plus douce à vivre s'accompagne de nouvelles pratiques de la parole.

C'est désormais la Cité, c'est-à-dire l'assemblée des citoyens, qui a le monopole de la vengeance. Et celle-ci ne s'exerce qu'après un examen contradictoire des points de vue des plaignants : la parole est au centre de la vie collective et elle a pouvoir de décision, judiciaire ou politique.

Les Grecs inventent donc de nouvelles techniques destinées à mieux argumenter, dans cette situation nouvelle qu'on appellera la démocratie (le « pouvoir du peuple »). La rhétorique, véritable « art de convaincre », sera définie par Aristote comme la méthode pour trouver « ce qu'un cas donné comporte de convaincant ».

L'argumentation, comme capacité à convaincre l'autre au sein d'une relation symétrique, mais aussi à se laisser convaincre par son point de vue, est sans doute, historiquement, la première pratique démocratique. La démocratie a été inventée en marchant, ou plutôt en parlant. Elle est d'abord une nouvelle compétence de la parole avant d'être une valeur et un idéal.

On apprend à retenir ses pulsions, à ne pas considérer la colère comme une fatalité ou un « instrument des dieux », à écouter les autres, à tenir compte de leur point de vue, dans cette relation *symétrique* qui est au fondement du nouveau monde démocratique. On met au point, et on enseigne, des méthodes pour capter l'attention, planifier une argumentation, construire des arguments que l'autre pourra accepter dans un dialogue pacifié.

On apprend aussi à se défier de toute manipulation de la parole visant à utiliser l'émotion pour convaincre, à contenir les démagogues, qui utilisent la violence de la séduction pour attirer les foules. Aristote conseille de ne pas accepter les orateurs qui « plaident en dehors de la cause » pour émouvoir les juges.

De nombreux manuels seront écrits dans le monde grec, puis romain, qui systématisent et vulgarisent ces nouvelles méthodes rhétoriques. Ils constituent une ressource précieuse pour qui veut aujourd'hui « argumenter » dans une situation difficile.

L'apprentissage du détachement

Une autre ressource pour aborder des situations difficiles nous est fournie par un mouvement de pensée apparu un peu plus tard dans l'Antiquité romaine, celui des stoïciens (leurs propositions auront beaucoup de succès par la suite, comme en témoigne la lecture, ininterrompue depuis, du livre de Marc Aurèle, *Pensées pour moi-même*, qui vulgarise le stoïcisme [1]). Ces derniers se posent, entre autres, une question qui nous intéresse directement dans le cadre de ce livre. Elle va nous aider à mieux formuler notre méthode. Cette question est précise et concrète : comment être heureux, rester heureux, dans un environnement peuplé, au quotidien, de situations difficiles ?

Gardons-nous en effet de croire que la vengeance est réservée aux grandes causes, aux drames à l'antique. Cette croyance nous disculpe un peu trop, car c'est bien dans ces multiples situations de la vie quotidienne que ces innombrables « piqûres de moustique » nous irritent et provoquent en retour de nombreuses « micro-vengeances », qui peuvent finir par « pourrir la vie ».

Épictète en donne plusieurs exemples, pris dans la vie ordinaire : on te vole ton vin, tu appelles ton esclave et il ne vient pas assez vite, on te préfère quelqu'un dans un repas, dans un avis à prendre, on dit du mal de

---

1. Marc Aurèle, *Pensées pour moi-même*, traduction par M. Meunier, Garnier-Flammarion, Paris, 1964.

toi, on te trompe. Tout cela te gâte la vie et suscite la colère. Et la colère appelle la vengeance.

Les stoïciens vont inventer une solution originale à ce problème et ils y verront une voie vers le bonheur (qui est au fond la finalité de toute la philosophie antique, plus pragmatique qu'on ne se l'imagine). Épictète résume cette solution ainsi : « Lorsque donc quelqu'un te met en colère, sache que c'est ton jugement qui te met en colère. »

En somme, ce n'est pas la violence subie qui t'atteint, mais la perception que tu en as, la représentation que tu t'en fais. De là vient ce qui est resté dans la tradition comme la capacité à être « stoïque », c'est-à-dire à subir des agressions sans broncher, sans qu'elles nous atteignent vraiment. La représentation que l'on se fait des choses sert en quelque sorte d'espace intermédiaire, de « zone tampon » qui nous rend moins tributaire d'une réaction automatique et instinctive, car, dit toujours Épictète, ce qui trouble les hommes, ce ne sont pas les choses mais les jugements qu'ils portent sur les choses, ou, comme dira plus tard Marc Aurèle : « Songe que tout n'est qu'opinion, et que l'opinion elle-même dépend de toi. »

Le stoïcisme n'est pas un appel à la passivité, au désintérêt du monde, ni un comportement qui consiste à tendre tranquillement l'autre joue. Il s'agit plutôt d'une manière d'agir qui laisse peu de place à la réponse immédiate, instinctive, à la colère ou à la vengeance. Le stoïcisme propose, si l'on peut s'exprimer ainsi, de contrôler ses propres représentations lorsque l'on rencontre une situation difficile, afin de mieux agir sur elle et de ne pas en être tributaire. Il s'agit en somme d'agir et non pas d'« être agi ». Apprendre à se détacher de la violence pour ne pas la subir et pouvoir agir sur elle, voilà la grande leçon que nous laissent les stoïciens.

La civilité et la pacification des mœurs

Une autre ressource importante dans la capacité à affronter les situations difficiles est ce qu'on a appelé pendant longtemps la « civilité ». De nombreux historiens et sociologues – en particulier Norbert Elias – sont convaincus que le très important mouvement de « pacification des mœurs » qui s'est produit en Occident depuis la Renaissance est à mettre en lien avec l'irruption d'une valeur de plus en plus centrale, la civilité.

Nous prenons mal aujourd'hui la mesure de ce qu'était la vie quotidienne à la sortie du Moyen Âge, jusqu'à une période récente, dans les campagnes comme dans les villes, et de l'évolution positive survenue depuis de ce point de vue. L'angoisse sécuritaire du moment nous fait croire que le passé était communautaire et pacifique, et le présent de plus en plus brutal. À l'échelle de l'histoire, c'est plutôt le contraire qui est vrai, même s'il peut y avoir, localement, quelques inversions de tendance.

Dans un passé encore proche, rapines, pillages, meurtres, incestes et brutalités familiales étaient choses fréquentes. Les débordements de la cruauté n'entraînaient aucun ostracisme social. Ils n'étaient pas considérés comme socialement dégradants. On prenait plaisir à torturer et à tuer, et ce plaisir passait pour légitime. Il n'y a pas si longtemps qu'on emmenait, en France, les enfants voir les exécutions de condamnés à mort, et peu de temps avant, les suppliciés torturés en public.

On remarquera que de vastes régions du monde connaissent encore aujourd'hui ce régime de la violence civile, où la seule forme de justice connue est la vengeance privée.

Or cette violence civile a progressivement régressé et les comportements sont devenus plus policés. La violence est peu à peu devenue condamnable et jugée par beaucoup intolérable. Comment ce chemin – qui a duré quand même plusieurs siècles, et qui est loin d'être achevé – a-t-il été parcouru ? Quelles ressources les sociétés occidentales ont-elles mises en œuvre ? Que pouvons-nous tirer de cette expérience ?

Les historiens constatent que le recul de la violence implique – outre sa criminalisation – la mise en place progressive d'une valorisation du contrôle des émotions. Apprendre la pudeur, savoir se retenir, renoncer à l'agression aussi bien qu'à l'excès d'effusion, accepter de se séparer d'avec les autres, mettre en place ce « mur invisible de réactions affectives se dressant entre les corps, les repoussant et les isolant » dont parle le sociologue Norbert Elias[1] : tous ces comportements passent en grande partie par une mise en parole des émotions.

On cherchera à s'exprimer par des mots, là où auparavant on s'emportait, on se touchait, là où l'on s'extériorisait bruyamment et souvent violemment. L'insulte, le propos rude et désobligeant cèdent le pas à la politesse, à l'euphémisme, à la parole douce à entendre. Cette mise en parole se double d'une capacité nouvelle d'intérioriser ses émotions.

---

1. Norbert ELIAS, *La Civilisation des mœurs*, Calmann-Lévy, Paris, 1973.

Le rôle de la civilité

C'est l'invention de la « civilité », comme valeur positive réglant idéalement les comportements, qui va être la marque spécifique de la pacification des mœurs qui affecte l'Occident en période de paix. Cette notion servira, dit encore Norbert Elias, de référence centrale à la société européenne pour se définir elle-même. L'humanisme de la Renaissance est au cœur de ce processus, en redécouvrant la rhétorique antique, le contrôle de soi stoïcien et en l'associant à l'idée du respect radical pour l'homme.

La civilité implique un renoncement à prendre tout de suite ce que l'on désire, à faire ce que l'on a envie de faire sans se soucier des autres. Ce renoncement est possible car il apporte le bénéfice d'une vie sociale plus pacifiée, où l'on peut bousculer quelqu'un dans la rue sans prendre le risque que ne soient tirés les couteaux et que cela se termine en homicide qu'il faudra en retour venger (situation courante au XVIIe siècle, par exemple).

De nombreux manuels de savoir-vivre, écrits notamment par les humanistes, expliquent les nouvelles règles du jeu, qui pacifient d'abord la cour du roi, puis la rue des grandes villes et enfin, souvent réticentes, les campagnes, longtemps lieux d'une extrême violence et du principe de vendetta comme seule justice.

Le *Galateo* de l'Italien Giovanni Della Casa (publié en 1558 [1]), l'un des premiers et principaux manuels de savoir-vivre de l'époque moderne, explique ainsi comment passer de la *feritas* (bestialité) à l'*humanitas*, de

---

1. Giovanni DELLA CASA, *Galatée*, traduction par Alain Pons, Quai Voltaire, Paris, 1988.

la violence à la civilisation, pour atteindre enfin la vraie nature de l'homme.

Quelle est la clé de cette civilité ? À vrai dire, son principe est simple et toutes les règles de la rhétorique sociale du savoir-vivre n'en sont que des déclinaisons adaptées aux circonstances : « Il convient, explique Della Casa, de faire de la volonté d'autrui son propre plaisir, quand il ne s'ensuit ni dommage, et en cela se gouverner dans ses paroles et dans ses actes plutôt selon l'avis d'autrui que selon le sien propre. » Tenir compte de l'autre, de son point de vue, voilà au fond une autre ressource simple, essentielle, dont on perçoit sans peine qu'elle constitue un antidote très sûr contre la violence.

Trois compétences nécessaires

À sa manière, ce livre s'inscrit dans cette tradition humaniste des « manuels de civilité », en proposant de réfléchir sur les méthodes permettant d'affronter les situations difficiles, encore trop lourdement marquées par la violence. Un certain exercice de la parole, on le voit, constitue une ressource essentielle pour affronter ces situations.

On pourra trouver cette dernière proposition très optimiste. Ainsi, parler guérirait de tous les maux ? Non, bien sûr. Mais l'observation de nombreuses situations dont nous n'arrivons pas à sortir sans dégâts montre que très souvent cette difficulté est associée à un déficit, non pas de discours – les humains sont des êtres bavards, qui savent utiliser les mots de multiples façons –, mais d'une parole appropriée, d'une parole qui change, d'une parole qui permet d'*exercer une force sans engendrer de domination*, cette domination qui appelle en retour la violence.

Comme on le voit, la tradition humaniste est déjà porteuse de nombreuses ressources pratiques qui permettent de mieux affronter la violence de situations difficiles. Et si tous les résultats attendus ne sont pas au rendez-vous, c'est moins parce que ces ressources ne seraient pas opérationnelles que, tout simplement, parce que nous ne les mettons pas suffisamment en œuvre. L'un des objectifs de ce livre est de les rappeler, de les synthétiser, afin de dessiner le profil d'une méthode adaptée aux situations d'aujourd'hui. Toute méthode fait appel à des compétences. Trois d'entre elles, on l'a dit, sont nécessaires ici, l'objectivation, l'écoute active, l'affirmation argumentée de son point de vue.

L'objectivation. Le renoncement à la vengeance privée, la mise à distance de la violence par sa représentation, le détachement, le contrôle des émotions forment une seule et même compétence, qui s'est progressivement affirmée, celle qui consiste à objectiver ses émotions, à les contrôler, à se les représenter intérieurement pour mieux les mettre à distance. L'*objectivation* est la première des ressources sur lesquelles nous pouvons nous appuyer, car elle est systématiquement associée à la réduction de la violence. L'objectivation permet, dans une situation difficile, de se voir dans l'événement en quelque sorte « de l'extérieur ». L'objectivation ne concerne pas seulement celui qui est victime, mais aussi l'agresseur lui-même, que l'on peut aider ainsi à maîtriser sa violence.

On remarquera qu'il ne s'agit pas simplement de « contenir ses émotions », mais de les transformer en outil pour une meilleure connaissance de la situation difficile dans laquelle on est impliqué : objectiver permet de connaître et connaître permet de mieux agir. Cette compétence va constituer un des axes majeurs de notre méthode pour affronter les situations difficiles. Elle s'appuie sur des techniques précises, comme par exemple faire en soi intérieurement la description des éléments clés d'une situation, mais aussi sur une attitude qui consiste à ne pas porter de jugement sur l'autre.

L'écoute. Le deuxième axe nous est inspiré par cette insistance à tenir compte de l'autre et de son point de vue, à l'écouter et manifester de l'empathie, insistance qui accompagne historiquement tout progrès de la civilité. Cela n'implique pas que l'on adopte le point de vue de l'autre, mais tout simplement que l'on cherche à établir une meilleure relation avec lui. En cherchant à se mettre, si l'on peut dire, à sa place, on comprend mieux son point de vue et, surtout, on est en bien meilleure posture pour échanger, argumenter, éventuellement convaincre l'autre de renoncer à une violence dont il serait porteur et dont on pourrait subir les effets.

L'écoute, c'est aussi l'écoute de soi afin de mieux déterminer ce que l'on cherche vraiment dans une situation donnée. L'écoute intérieure est une approche précieuse dans des situations où l'on est tenté, justement, d'être trop réactif à l'autre. L'*écoute active*, de soi et de l'autre, est donc une ressource essentielle, et ce, d'autant plus que la situation est difficile. Savoir écouter activement, en cherchant vraiment à comprendre, est bien, au sens où je l'entends ici, une compétence au cœur de toute méthode pour tenter de sortir d'une situation difficile.

L'argumentation. L'argumentation, enfin, constitue la ressource décisive. Elle est même faite pour cela. Ses outils permettent de sortir d'un conflit, d'éviter qu'il ne dégénère, et surtout que les solutions trouvées conviennent à tous, dans la mesure du possible. L'objectivation est un prérequis sans lequel rien ne peut se passer, l'écoute est une disposition nécessaire pour qu'un lien puisse se nouer, mais l'*affirmation argumentée de son point de vue* constitue l'action décisive, celle qui va changer les choses. Non seulement elle permet d'affirmer son point de vue, mais encore elle donne l'espoir de convaincre l'autre, comme c'est le plus souvent nécessaire, de renoncer à la violence qui rend justement la situation difficile. L'argumentation est ainsi, plus généralement, un moyen d'affirmer notre identité comme sujet, élément essentiel, d'après l'historien Jacques Sémelin [1], spécialiste de la non-violence, de la stratégie d'action qui s'oppose pacifiquement à la violence.

Un protocole d'action

Objectivation, pour soi et pour l'autre, écoute active, affirmation argumentée de son point de vue, voilà les trois compétences essentielles qui nous permettent d'affronter dans les meilleures conditions les situations difficiles de toute nature. Je vous propose maintenant d'examiner comment ces principes, et la méthode qui en découle, s'appliquent dans plusieurs situations

---

1. Jacques SÉMELIN, « Du combat non violent », in *Le Droit à l'humanité, contre la violence des hommes*, *Autrement*, n° 177, mars 1998.

éprouvantes, comme prendre la parole en public, parler avec des gens qui ont un point de vue radicalement opposé, déjouer une entreprise de manipulation, résister à une situation d'agression.

Pour chacune de ces situations, j'essayerai de dégager le protocole d'action qui permet de mettre en œuvre ces trois compétences. Pourquoi parler de « protocole » ? C'est que ces trois compétences doivent être mises en œuvre, la plupart du temps, successivement : pas d'écoute possible sans une objectivation préalable, et pas d'argumentation sans écoute. Ce protocole, on le verra, vaut pour toutes les situations, à condition, bien sûr, de l'adapter à chaque cas particulier.

3

Parler avec des gens qui ont un point de vue radicalement opposé

Nous rencontrons fréquemment des personnes qui ont un point de vue bien différent du nôtre ou qui agissent dans un sens opposé à nos intérêts. Cela est normal. C'est même le signe de la bonne santé d'une société. La plupart du temps, une bonne discussion, dans un esprit ouvert, permet de constater les divergences ou même, parfois, de se rallier au point de vue de l'autre. Mais il arrive aussi que ces situations soient sources de tensions et de violence, quand quelqu'un exprime un point de vue que l'on juge inacceptable par exemple.

Ces situations sont apparemment les plus simples de toute la gamme de celles que nous allons analyser (nous parlerons ultérieurement de manipulation ou de violence et d'agression physique). Mais, lorsqu'on y est confronté directement, elles peuvent être redoutablement difficiles à aborder. Quelqu'un est en désaccord avec moi, son point de vue est radicalement opposé au mien. Dans de nombreux cas, j'estime que je ne dois pas ou que je ne peux pas me taire. Imaginons par exemple que, dans un groupe, quelqu'un se mette à tenir des propos racistes. Je peux quitter la discussion et m'en aller. Je peux aussi considérer de mon devoir de prendre à mon tour la parole pour dire mon désaccord. Je peux même imaginer, face à la personne qui tient de tels propos, que le monde irait un tout petit peu mieux si je réussissais à convaincre cette personne d'être moins raciste.

Nous rencontrons régulièrement des situations de ce type, plus ou moins graves. Mais elles peuvent avoir des conséquences tout aussi redoutables. Combien de réunions amicales, de repas de famille ont été gâchés par une discussion, tournant à la dispute, entre deux interlocuteurs qui n'avaient pas le même point de vue mais qui ont tenu, à toute force, à l'assener ? Comment aborder ces situations, qui reproduisent toutes peu ou prou le même schéma ? Commençons par analyser une situation simple, mais qui correspond bien à ce schéma récurrent. Il s'agit d'un conflit de voisinage.

Le bruit du voisin est toujours insupportable

Le voisinage est source de conflits d'autant plus difficiles à aborder que, souvent, chacun croit avoir raison et ne voit pas la violence que son action peut exercer sur l'autre. En général, il n'y a pas d'intention malveillante, tant on est sûr de son bon droit.

Un ami me raconta un jour une situation difficile qu'il eut à affronter. Habitant une petite maison dans un village calme, il jouissait jusque-là de la paix et du silence de la campagne. Un jour, le nouveau voisin qui venait d'emménager et dont la maison était très près de la sienne, presque collée, installa à quelques mètres de ses fenêtres la sortie bruyante d'un chauffage central dit « à ventouse ». À intervalles réguliers, de jour comme de nuit, celui-ci se mettait en marche peu discrètement.

La colère et la frustration qu'éprouva mon ami devant cette rupture d'un cadre qui lui apparut rétrospectivement comme idyllique, furent énormes. Bien sûr, rien de vital n'était engagé. Que valait ce petit problème devant les malheurs du monde ? Mais ce « petit problème » avait changé sa vie et il se sentait comme blessé par ce bruit qui venait, à intervalles réguliers, gâcher le silence de la campagne. Le bruit était devenu une sorte de dragon soufflant qui venait le provoquer jusque chez lui.

Mon ami se prit à imaginer toutes sortes de stratégies pour se sortir de cette situation, mais surtout il commença spontanément à maudire son voisin. Des bouffées de violence montaient en lui. Il s'imaginait même – mais il n'en parlait à personne – le menaçant, le frappant et obtenant par la force qu'il démonte son chauffage. Il se voyait, triomphant, tel saint Georges terrassant le dragon du bruit, et retrouver ainsi son calme champêtre.

Mais mon ami ne fit rien de tout cela et sa frustration augmenta d'un cran. Il vit alors son voisin mort, terrassé par une crise cardiaque, broyé dans sa voiture lors d'un accident de la route. Il voulut – et faillit – au moins l'insulter en passant devant sa maison, lui dire son fait, lui rappeler sa laideur (le voisin n'était pas un jeune premier) et sa peti-

tesse sociale. Il imagina aussi une procédure en justice, où bien sûr il triompherait, les juges se tenant naturellement à ses côtés, comme autant d'auxiliaires de sa vengeance.

Mais une petite voix intérieure lui glissa que, s'il se laissait aller à tout cela, le voisinage risquait de devenir un enfer pour longtemps. Mon ami se dit alors qu'il fallait revendre sa maison, partir, chercher un autre endroit, enfin calme, sans ce maudit chauffage à ventouse dont le bruit lui pourrissait la vie. Il acheta même le journal pour consulter les petites annonces. Mais quitter sa maison, qu'il avait aménagée avec tant de soin et de plaisir, lui coûtait vraiment. Il resta, l'affaire traîna et sa frustration augmenta encore.

La situation, on le voit, paraissait particulièrement bloquée. En fait, elle prenait la plus mauvaise direction qui fût, le désir de vengeance et la frustration. Puis un jour, sur mes conseils, il prit son courage à deux mains (il en faut beaucoup dans ce genre de situation). Il chercha à provoquer une rencontre « inopinée » avec son voisin, à qui il n'avait encore jamais parlé. Il s'adressa à lui à peu près dans les termes suivants (nous avions beaucoup réfléchi ensemble à la situation).

« Écoutez, je suis très ennuyé. Je sais que vous êtes parfaitement dans votre droit. Mais la sortie du chauffage, à l'arrière, qui donne chez nous, fait beaucoup de bruit et cela nous gêne terriblement. »

Le voisin se raidit et se tint immédiatement sur ses gardes, imaginant que le pire allait suivre cette déclaration trop pacifique. Mon ami ajouta ceci :

« S'il était possible de rendre ça moins bruyant ou même de le déplacer, et comme c'est moi que cela gêne et que vous êtes dans votre droit, je prendrai les frais à ma charge. Si vous en êtes d'accord. »

C'est cela que mon ami avait trouvé pour tenter de sortir de la situation : proposer de prendre d'éventuels frais à sa charge. Le voisin fut évidemment surpris et se mit à réfléchir calmement à la situation. Il promit d'en parler à son installateur. Mon ami fut immédiatement soulagé d'avoir fait cette démarche. Il m'avoua qu'il s'était même senti grandi d'avoir agi de la sorte.

Je lui fis la remarque que c'était formidable qu'il fût ainsi resté calme dans cette situation, compte tenu de sa colère initiale. « Détrompe-toi, me dit-il, j'en tremblais, je n'étais pas calme du tout, ma voix chevrotait quand j'ai commencé à lui parler [mon ami n'est pourtant pas particulièrement timide], mais j'ai vite senti que ce que je lui disais, une fois compris, n'était pas ressenti comme une agression et que mon argument avait une certaine force. J'avais surtout peur de moi, pas de lui. »

Un résultat inattendu

La fin de l'histoire est assez inattendue. Quelques jours après, le voisin expliqua à mon ami qu'il avait consulté par deux fois son installateur et que celui-ci avait conclu qu'on ne pouvait techniquement rien faire. Le voisin était sincèrement désolé. Mon ami m'expliqua un peu plus tard, alors que je lui demandais, en prenant le frais sur sa terrasse, comment évoluaient les choses, qu'il n'entendait pratiquement plus le bruit du chauffage central. Bien sûr, il s'en passerait bien, mais cela ne le gênait plus réellement. Comme le disent les philosophes stoïciens de l'Antiquité, ce ne sont pas les choses qui nous atteignent, mais les représentations que nous nous en faisons.

L'attention honnête portée par son voisin à la solution du problème, même si elle ne l'avait pas réglé techniquement, l'avait résolu sur un plan plus fondamental. Et cette attention avait été obtenue en grande partie par la nature de la démarche faite par mon ami, qui avait renoncé à la fois à la violence et à la défection.

J'imagine sans peine, compte tenu de la multiplication des chauffages à ventouse, qu'il existe à travers tout le pays de multiples frustrations et d'innombrables conflits de voisinage, certains même sans doute très violents, qui pourraient être évités par un recours plus approprié à la parole.

Bien sûr, le type de solution trouvé par mon ami ne résout pas un problème de fond, celui d'une société où le bruit, on le sait, est considéré comme la première source de frustration et ne fait pas l'objet, malgré cela, de toute l'attention qui serait nécessaire. Mais si plus de gens prenaient le problème avec davantage de calme, en évitant la violence retournée contre soi, fréquente lorsque l'on fait défection, ou adressée aux autres, on préparerait peut-être la voie à une prise de conscience salvatrice.

Une démarche efficace

Concrètement, la démarche de mon ami a consisté à mettre en œuvre les trois ressources essentielles que j'ai évoquées plus haut. On peut parier, dans une première étape, que, s'il s'était laissé aller à la colère et avait donné libre cours au désir de vengeance qui avait émergé en lui, sa vie ne serait pas devenue meilleure pour autant – et probablement pire. Son problème, en tout cas, n'aurait pas été résolu.

Il a pourtant tout éprouvé, de la tentation d'insultes graves et vexantes jusqu'au désir imaginaire de mort. Dans ces situations, nous nous voyons souvent plus forts que nous ne le sommes réellement. La présence fantasmatique de la mort est le signe que nous sommes blessés et que nous pensons qu'atteindre l'autre en retour calmera notre malheur. Mais rien n'est plus faux et c'est plutôt l'inverse qui se produit généralement, à savoir l'amplification de la difficulté, une violence accrue.

Mon ami entendait donc en lui deux voix, la plus forte criait vengeance, d'autant plus que celle-ci lui paraissait légitime (le bruit non souhaité chez soi est une agression), la plus petite disait la déraison et les conséquences néfastes d'une telle attitude. Par bonheur, il écouta la petite voix. Mais cela ne suffisait pas : le renoncement à la vengeance est le début de l'action, mais n'est pas l'action elle-même.

La démarche suivante qu'il entreprit fut de réfléchir à la situation, comme s'il n'y était pas impliqué personnellement, comme s'il la regardait « objectivement ». Cela lui a permis de déterminer une stratégie, de savoir ce qu'il voulait, concrètement, obtenir. La suppression du bruit, bien sûr, mais comment ?

Cela l'obligea à une démarche loin d'être spontanée ou même agréable : tenter de comprendre le point de vue de son voisin jusque-là exécré. Une analyse rapide, permise par le relatif détachement provisoire auquel il était parvenu, lui fit apparaître une vérité éclatante et pénible à constater : son voisin était strictement dans son droit ! Il fallait donc lui donner une bonne raison de changer les choses en partant de la reconnaissance de ce droit. Il fallait qu'il argumente.

Restait une étape décisive – jusque-là tout se passait dans sa tête et la grosse voix qui criait vengeance s'impatientait –, passer à l'action, mettre tout cela en paroles. Mon ami prit alors conscience empiriquement (il ne le formula qu'après coup) que le désir de vengeance qu'il ressentait, provoqué par la violence qu'il avait subie, s'appuyait sur une force et une énergie qui étaient en lui et qui préexistaient à cette violence.

Lorsqu'il s'adressa à son voisin, lors de cette rencontre « inopinée » qu'il avait provoquée, il éprouva le sentiment d'une vraie « prise de parole », du genre de celle que l'on fait, en tremblant au début, devant un public hostile. Tout son stoïcisme et son objectivité avaient fondu, mais son émotion contenait une force qui n'était plus agressive (ce qui dérouta le voisin, qui s'attendait à une agression). Sa prise de parole n'était pas désincarnée et ne cachait ni sa faiblesse (c'était au fond le voisin qui déciderait, pas lui) ni sa force : il pensait avoir de bons arguments, susceptibles de faire changer son voisin.

On sait ce qu'il en advint : le voisin fut convaincu, mais en pratique rien ne changea. Sauf que, du fait de sa démarche, le bruit ne constitua plus une gêne majeure pour mon ami. Les deux voisins ne devinrent pas amis, mais ils entretiennent depuis des relations de voisinage confiantes. Bien qu'il eût parfaitement conscience d'avoir une « stratégie », mon ami, sans s'en rendre compte, suivait un protocole assez strict, qui mettait en œuvre les trois ressources que j'ai évoquées plus haut : objectivation, qui lui permit d'aborder la situation, avec émotion certes, mais sans colère de part et d'autre ; écoute active, qui permet de déterminer ce que l'on veut et d'entendre le point de vue de l'autre ; argumentation avec de bonnes raisons que l'autre peut partager.

Ce protocole vaut pour une situation relativement simple (ce qui ne veut pas dire qu'il n'était pas émotivement et techniquement complexe à mettre en œuvre), car il n'y avait aucune intention agressive ou violente de la part de son voisin et celui-ci s'est rendu de bonne grâce aux arguments de son interlocuteur. Mais nous allons voir qu'il s'applique aussi à la plupart des situations difficiles que l'on peut rencontrer, quelles que soient leur intensité et leur violence.

Vous avez quelque chose contre les gens qui votent Front national ?

La persistance en France – et dans d'autres pays – de la violence dans le débat politique et social a conduit, entre autres, à ce que l'on entende de plus en plus, dans l'espace public comme dans la vie de tous les jours, des propos extrémistes, xénophobes ou encore racistes. Beaucoup de personnes se trouvent donc placées dans une situation difficile : elles entendent autour d'elles de tels propos, qui parfois s'adressent à elles. Entendre un propos raciste est une véritable violence qui fait surgir l'émotion, voire un désir de vengeance contre ceux qui en sont à l'origine. En France, de tels propos sont punis par la loi et celle-ci doit s'appliquer à ceux qui essayent, par choix idéologique, d'en faire une politique. Comme cela a été dit très justement, le racisme n'est pas une opinion.

Mais de nombreuses personnes, attirées par de tels propos extrémistes et qui les reproduisent, peuvent être convaincues de faire un autre choix et, en tout cas, de renoncer à la violence dont ces propos sont porteurs. Souvent, celui qui soutient de telles idées fait le choix de mettre de la violence dans sa parole, de transformer sa parole en acte violent tourné vers les autres. La question se pose : faut-il être violent avec eux, faut-il faire défection et partir, ou faut-il prendre à son tour la parole ? La méthode proposée ici permet d'aborder ce genre de situation, avec un petit espoir, celui de convaincre nos interlocuteurs non seulement de renoncer à nous agresser par cette violence, mais peut-être aussi de commencer à y renoncer eux-mêmes.

Suite aux résultats désastreux des élections présidentielles de 2002 en France, j'avais organisé dans cette perspective, en direction de ceux qui voudraient engager un dialogue avec les électeurs du Front national (pas avec ses idéologues les plus convaincus, bien sûr), ce que j'ai appelé des « ateliers civiques d'argumentation ». Dans le cadre de la préparation de ces ateliers, mon numéro de téléphone ayant été publié dans la presse, j'ai été confronté tout de suite à une personne très agressive. Voici à peu près le dialogue que nous avons eu. Il illustre bien le type de problèmes auxquels on peut être confronté dans ces situations.

Ayant à peine décroché, mon interlocuteur hurlait déjà dans le combiné : « C'est vous qui avez quelque chose contre les gens du Front national ? » Je sentis immédiatement monter en moi une réaction instinctive de violence. Je faillis raccrocher en insultant la personne qui, à l'évidence, ne téléphonait pas pour discuter, mais pour m'agresser.

Mais, rapidement, je mesurai tout le paradoxe d'une telle réaction : moi qui offrais publiquement mes services pour apprendre à discuter avec de telles personnes, j'allais raccrocher au nez du premier interlocuteur venu qui déversait sa bile sur moi. Et puis je me dis que si je raccrochais brutalement, rien ne l'empêcherait de rappeler, jusqu'à ce qu'éventuellement il bloque ma ligne. La menace du harcèlement n'était pas loin. En même temps, une toute petite voix intérieure – je n'en ai pris conscience qu'après – me dit que, derrière cette violence verbale, il y avait une sorte d'interrogation.

Je répondis donc en utilisant une dissociation qui eut le don de surprendre la personne au bout du fil : « Oui, j'ai quelque chose contre le Front national, mais pas contre les gens qui votent Front national. »

Il me répondit, toujours très violemment, qu'il n'était pas adhérent du Front national, mais que les gens comme moi, qui faisaient partie selon lui de l'élite, ne comprenaient rien à rien et que lui, dans son quartier, vivait entouré de « bougnoules » fainéants, qui traînaient dans la rue. Il se lança dans une violente tirade xénophobe, avec des relents racistes.

Une nouvelle bouffée de violence m'assaillit. Mais cette violence était la mienne, pas la sienne. Il fallait à tout prix que je disjoigne sa violence de la mienne, pour que je retrouve mon individualité propre. Il fallait aussi que je trouve un moyen de le calmer, sinon il finirait par l'emporter et je raccrocherai brutalement. Après l'avoir laissé parlé un certain temps, je lui dis alors ces simples mots : « J'ai l'impression que vous êtes très en colère. »

À quoi il me répondit : « Bien sûr que je suis très en colère, ces bougnoules me pourrissent la vie, qui n'est déjà pas très marrante. »

Il se lança alors dans un long monologue, que j'écoutais patiemment, sur la difficulté de sa vie, sa femme qui l'avait quitté, ses embarras financiers, son quartier où le quotidien était assez dur et le fait que c'était pour cela qu'il votait Front national.

Le ton était plus calme. J'engageai alors la discussion en argumentant autour de l'idée qu'un tel vote ne réglerait peut-être pas les problèmes qu'il m'évoquait. Mon interlocuteur changea de voix : « Mais vous qui faites partie des gens qui savent, dites-moi ce que je dois faire ! »

Je réprimais la bouffée de vanité qui montait en moi avec la rapidité de l'éclair (ne fais-je pas partie selon lui de l'« élite », de ceux qui savent et qui expliquent aux autres ?) pour tenter de lui expliquer que je n'avais pas de réponse à ses problèmes mais, encore une fois, que la solution Front national me paraissait pire que le problème lui-même. Je lui suggérai que le vote blanc pouvait peut-être lui permettre d'exprimer positivement sa colère. C'était à mes yeux une piètre ressource, mais il ne fut pas indifférent à la proposition et promit même d'y réfléchir.

Mon interlocuteur finit par me donner aimable-

ment son prénom, comme s'il me confiait une chose précieuse, et l'entretien se conclut de façon beaucoup plus paisible qu'il avait commencé. Je lui dis mon admiration devant le courage qu'il avait eu de téléphoner ainsi et l'affaire s'arrêta là.

On voit à la lumière de cet exemple que les éléments de notre protocole se sont complexifiés du fait qu'il y avait, au moins au départ, une intention extrêmement agressive de la part de l'interlocuteur. Dans cette situation, comme dans beaucoup de situations difficiles de ce type, il y a, à un moment du dialogue, un embranchement entre deux voies radicalement différentes : d'un côté, la violence, la vengeance (j'avais de bonnes raisons de répondre violemment à un discours raciste d'une grande violence), de l'autre, la voie étroite du dialogue. Et il faut choisir l'une ou l'autre.

Une voie semée d'embûches

Ce dialogue a deux finalités qui se complètent et s'enchaînent : d'abord faire cesser la violence dont il est porteur, ensuite faire avancer la situation, obtenir un changement qui évite le plus possible un retour de cette violence. Comme dans le premier exemple que nous avons analysé, tout commence par une agression violente qui va chercher chez l'autre un combustible approprié, provoquant l'incendie chez lui également. Là aussi deux voix intérieures s'expriment et entrent en conflit : celle qui dit de répondre à la violence par la vengeance, et l'autre, qui est apparemment parée de beaucoup moins de légitimité, qui dit de passer outre et de tenter d'argumenter.

La démarche essentielle ici, dans cette étape initiale de notre curieux dialogue, a été d'accepter que se déverse sur moi une violence bouleversante en attendant de voir, grâce à une écoute active, ce qu'il y avait *derrière* cette violence. L'écoute active est une écoute sans jugement de valeur, mais qui affirme clairement que l'on a un autre point de vue.

Mais que je me contente de me calmer et d'écouter, et que je réussisse ainsi à objectiver la situation pour ce qui me concerne ne change rien, car la source de la violence reste aussi intense et elle finira peut-être, à force, par m'emporter. Il faut donc, en plus, que j'aide l'autre à prendre de la distance par rapport à sa propre violence. Lui montrer qu'elle ne m'atteint pas (même avec des propos racistes provocants), tout en lui signifiant que je ne les partage absolument pas, est certes une ressource importante, mais ce n'est que la moitié du chemin parcouru. Proposer à son interlocuteur de se voir comme étant en colère constitue l'autre moitié de la démarche. Peu importent les mots que l'on utilise à cette occasion, il suffit juste qu'ils soient appropriés au but recherché.

C'est en l'occurrence ce qui s'est passé dans cet exemple. Il y a une différence essentielle entre être en colère et constater que l'on est en colère. La mise en parole, que je lui ai proposée mais qu'il a reprise à son compte ensuite, est déterminante pour passer d'une étape à l'autre. Mon interlocuteur a réussi à objectiver sa colère en acceptant ma proposition de la regarder comme une sorte de réalité qui se tiendrait entre nous deux et que nous pourrions ainsi commenter plus calmement.

On remarquera ici que la conversation a pris un tour assez inattendu puisque mon interlocuteur, semblant complètement virer de bord – je n'étais probablement jusque-là pour lui qu'une « pourriture d'enseignant » –, me demande de lui dire « ce qu'il faut faire ». En somme, il me demande, sous une autre forme, d'être violent avec lui en décidant pour lui... Le piège, même s'il n'est pas conscient, est assez redoutable, puisque ce serait désormais à moi, en quelque sorte, d'exercer autorité et violence sur lui !

Une fois la situation objectivée et qu'une écoute active a permis de clarifier les choses, la phase proprement argumentative peut commencer. Mais celle-ci trouve sa substance initiale dans l'écoute et la prise en compte des « vraies raisons » pour lesquelles mon interlocuteur est porteur d'une telle violence et dans lesquelles les étrangers n'ont finalement qu'une part très faible. L'homme qui me téléphonait témoignait d'une forte angoisse de solitude et c'était cela au fond qu'il voulait dire.

À partir de là et sans nier – qui serais-je pour le faire ? – ses perceptions, j'ai pu proposer un autre débouché à sa colère (le vote blanc plutôt que le vote Front national, pour lequel il n'avait d'ailleurs *a priori* aucune affinité particulière). Je ne sais pas ce qu'il fera aux prochaines élections, mais peut-être se souviendra-t-il de notre conversation.

Les obstacles à une telle démarche sont nombreux. Ils peuvent facilement, surtout en se combinant, ruiner toute tentative d'argumenter en situation difficile. On peut au moins en identifier trois, qui nous indiquent, en négatif, comment on peut s'y prendre mieux.

Choisir la vengeance

Le premier obstacle, que nous avons déjà évoqué, consiste à ne pas choisir la bonne option, à écouter la grosse voix qui crie vengeance et à ne pas entendre la petite voix qui propose une alternative. En apparence, la vengeance paraît toujours plus légitime. Elle se nourrit de raisons toujours meilleures. Pire, la plupart du temps, elle se dissimule comme vengeance, ce qui ne rend pas la tâche facile à ceux qui ont pourtant décidé depuis longtemps de ne pas s'y laisser aller.

C'est ainsi par exemple que face aux nombreux électeurs qui choisissent de voter pour l'extrême droite, toute réaction qui consiste à les stigmatiser et à les traiter de « fascistes » ou même de « nazis » n'est en fait qu'une vengeance, assez impuissante d'ailleurs. Recourir à la violence et à la vengeance contre ceux qui, le plus souvent sans conviction idéologique, ont fait le choix de soutenir un discours violent, antidémocratique et xénophobe, ne peut finalement que les conforter dans leur vision du monde où seule la violence permet de faire changer les choses.

À chaque fois, c'est un embranchement qui ouvre dans plusieurs directions opposées. Dans le protocole que nous avons décrit, le choix s'opère tout de suite mais, dans la réalité, ce choix est permanent et doit être maintenu. Car il est rare que l'autre violent ne tente pas, même une fois sa garde abaissée, de revenir au moment où soi-même on a cru que la situation était pacifiée.

Il importe donc de bien identifier les sentiments que l'on éprouve à cette occasion. Reconnaître et identifier la vengeance comme telle est un premier pas vers son objectivation. Cela permet d'éclairer le choix : poursuivre la violence, faire défection, ou choisir l'argumentation.

Facile à dire, mais comment faire ? Lorsque la violence d'un interlocuteur vient à notre rencontre, elle est comme un incendie à la recherche de combustible nouveau et ce combustible, c'est tout simplement la violence qui est en nous, en chacun d'entre nous, à des degrés divers bien sûr. Ce n'est jamais la violence de l'autre qui est responsable des réactions brutales que nous éprouvons, c'est notre propre violence qui est réveillée à cette occasion. Si on laisse les violences se rencontrer, alors l'incendie s'étend...

Être confronté à une violence extérieure à soi oblige à l'introspection. L'objectivation est d'abord une démarche intérieure. Avec un peu d'expérience – et c'est là un exercice que l'on peut faire en s'observant dans la vie quotidienne lorsque l'on est confronté à de microsituations difficiles –, on peut apprendre petit à petit à discerner la montée en soi d'un sentiment particulier, obscur, très spécifique. Celui-ci, si on le laisse prendre de l'ampleur, va rapidement *emplir tout l'espace intérieur* et imposer sans discussion une direction qui sera celle de la violence. C'est comme cela qu'on le reconnaît : il emplit tout l'espace intérieur. Tant que la discussion est possible à l'intérieur de soi et que l'on met en balance des options différentes, la situation reste sous contrôle, mais dès qu'un élément commence à l'emporter en faisant disparaître tous les autres, c'est le moment de sonner l'alerte.

Un autre élément de ce dispositif d'alerte est lorsqu'on sent que l'on se rapproche de l'autre, qu'on a envie de fusionner avec lui, car la violence est une collusion, une trouble fusion des êtres, une variante noire de la séduction. La violence est ancrée dans un mélange qui n'arrive pas à se défaire, là où la pacification va souvent de pair avec l'individualisation des comportements. Il faut ainsi lutter contre l'attirance trouble que provoque l'autre et maintenir le plus possible une distance.

Chacun peut apprendre à ressentir les signaux qui l'alertent sur la montée d'une violence intérieure en passe de le déborder. Tout cela implique finalement que l'on maintienne son « quant-à-soi », la clôture qui balise sa propre personne de la façon la plus ferme possible.

Les récits de ceux qui, par exemple pendant la guerre d'Algérie, ne se sont pas laissé entraîner à la violence, à la vengeance, à la torture que semblait appeler la situation (la vengeance d'un camarade tué était souvent mise en avant pour légitimer la torture), vont dans le même sens : ces militaires ont trouvé les ressources de cette conduite dans l'exercice d'une responsabilité individuelle et d'une clôture de l'intériorité sur elle-même, là où d'autres ont « fusionné » dans la violence en groupe. Peut-être les premiers ont-ils un peu mieux évité, de ce fait, les traumatismes psychiques qui constituent, selon la psychanalyste Marie-Odile Godard, le « fond d'horreur » commun à beaucoup de ces anciens soldats [1].

---

1. Marie-Odile GODARD, *Rêves et traumatismes, ou la longue nuit des rescapés*, Érès, Toulouse, 2003.

Ne pas écouter l'autre

Le deuxième obstacle consiste tout simplement à ne pas écouter l'autre et à vouloir lui imposer son propre point de vue. C'est tellement facile ! N'avons-nous pas raison contre la violence ? Celui qui fait le choix de la violence n'a-t-il pas, de ce fait, un point de vue totalement disqualifié ? Le racisme, pour reprendre l'exemple précédent, n'appelle-t-il pas qu'on l'écrase intellectuellement sans tenir compte des « idées » qu'il défend ?

Mais pourquoi l'autre est-il raciste, pourquoi est-il violent ? On n'a aucune chance de le savoir si on ne le laisse pas s'exprimer sur ce sujet. La violence est aussi pour lui un moyen de s'empêcher d'y voir plus clair. Marshall Rosenberg, dans son *Initiation à la communication non violente*, insiste beaucoup sur cette dimension de l'écoute active, que certains psychologues appellent l'« empathie », façon de comprendre avec respect ce que les autres vivent.

La grande difficulté de l'écoute, dans les situations que nous essayons d'analyser ici, est qu'elle doit conjuguer deux qualités contradictoires : pour bien écouter l'autre, il faut accepter ce qu'il dit, aller même au-devant en le sollicitant pour qu'il s'exprime. L'écoute est toujours une forme de bienveillance. Mais, en même temps, nous ne pouvons pratiquement jamais être en accord avec ce que l'on nous dit (sauf à répondre à la violence par la soumission). Le cas des propos racistes est particulièrement éclairant à ce sujet. L'art consiste ici à écouter avec intérêt et bienveillance tout en signifiant son désaccord, sans que celui-ci apparaisse comme un jugement de valeur.

Dans ce cas, une écoute active qui n'exprimerait pas – en même temps et le plus fermement possible – son désaccord, risquerait de créer une situation de (fausse) complicité, largement préjudiciable à la relation établie : l'autre penserait que vous êtes d'accord avec ses propos.

Ainsi menée, l'écoute active permet de contourner la violence émise par l'autre pour arriver à des zones plus intérieures. Dans l'exemple précédent, le discours raciste n'était en fait, chez mon interlocuteur, que la façade d'une difficulté qu'il ressentait vivement et qui s'organisait autour de son deuil et de sa solitude. Il fallait d'abord écouter ce qu'il avait à dire, tout en témoignant clairement du désaccord, pour pouvoir contourner cette violence et descendre plus profondément à l'intérieur des raisons qu'il avait de tenir de tels discours.

L'écoute active, c'est aussi la capacité à se tourner vers soi, à s'écouter intérieurement pour connaître avec précision son propre point de vue dans la situation ; en somme, ce que l'on a envie de défendre et d'argumenter. Il est évidemment essentiel de bien déterminer l'objectif que l'on poursuit et ce que l'on va proposer à l'autre. Dans l'exemple précédent, l'objectif, assez ambitieux il faut le dire, était non pas de s'opposer à la colère que mon interlocuteur ressentait – et qui le faisait voter pour l'extrême droite sans y adhérer idéologiquement –, mais de permettre à cette colère de trouver un autre point d'application.

J'ai bien conscience que le vote blanc était une proposition en partie insatisfaisante, mais derrière cet objectif il y en avait un autre, sans doute plus important. La possibilité même d'un dialogue qui écartait provisoirement la violence, avec une personne (moi-même en l'occurrence) qui était manifestement à l'opposé de son point de vue, semblait avoir troublé profondément mon interlocuteur. Il a peut-être pu entrevoir qu'un autre monde de parole était possible. Seule l'écoute active permet cette ouverture souvent bouleversante.

Échouer à trouver les bons arguments

Le troisième obstacle consiste, lorsque l'on atteint la phase où il est enfin possible d'argumenter, à ne pas trouver... les bons arguments. Il est extrêmement frustrant d'avoir franchi des passages aussi difficiles que ceux que l'on vient de décrire, d'avoir affronté la violence et réussi à s'en démarquer soi-même, d'avoir obtenu une pause chez l'autre, d'être enfin, chose que l'on ne croyait pas possible, dans une position de dialogue mutuel, et de sécher sur pied au moment de proposer à l'autre de bonnes raisons de renoncer à son point de vue.

Mais qu'est-ce qu'un bon argument ? La question vaut qu'on s'y arrête un peu. La tradition rhétorique, heureusement, nous aide à mieux comprendre cet apparent mystère. Faut-il, malgré les apparences de calme que prend notre société, que nous soyons finalement dans un climat si éloigné du dialogue, que les compétences en argumentation soient tellement absentes de notre culture ?

Un bon argument est celui qui donne avec force de bonnes raisons à l'autre d'adhérer à l'opinion que je lui propose.

La femme d'un collègue qui était un ardent militant de gauche éprouvait depuis un certain temps une certaine frustration du fait que celui-ci, très occupé par ses activités politiques, délaissait quelque peu les tâches domestiques. La situation était difficile pour elle et avait déjà provoqué quelques frictions dans le couple, sur des questions de détail, comme la vaisselle qui traîne dans l'évier, dont on sait l'importance qu'elles peuvent prendre au quotidien.

Elle imagina un jour d'affronter la situation. Pour déjouer la violence potentielle d'une revendication affirmée de but en blanc, elle utilisa une argumentation inversée (d'abord donner les arguments et ensuite seulement, dans une sorte de suspense, l'opinion qu'ils servent à défendre, ce qui évite que l'autre ne se braque tout de suite).

Au détour d'une conversation politique, elle lui dit en substance ceci : « Je vois qu'après toutes ces années, tu es resté ferme dans tes convictions. » Il lui répondit qu'il en était fier.

« Je constate aussi que, dans toute ta carrière de militant, l'une des valeurs que tu as défendues avec le plus d'acharnement est l'égalité. Tu es très attaché à l'égalité, n'est-ce pas ? » Il confirma son attachement, ajoutant même qu'il était prêt à des sacrifices personnels pour que cette cause avance.

« Et dans ce cadre, tu es très attaché à l'égalité entre les hommes et les femmes ? » Il insista pour dire que c'était à ses yeux l'une des applications les plus importantes du principe d'égalité. Comme toujours, il était profondément sincère dans ses convictions.

Le dialogue continua quelques minutes sur le même thème, jusqu'à ce que la femme de mon collègue lui dise doucement que, s'il était si déterminé dans sa lutte pour l'égalité entre hommes et femmes, il pourrait facilement mettre en application ses principes en s'impliquant un peu plus dans les tâches ménagères, par exemple en prenant à sa charge la vaisselle et son rangement.

Le mari fut un peu surpris mais, après une courte réflexion, convint qu'il n'avait jamais considéré les choses sous cet angle-là et qu'il serait effectivement approprié qu'il s'occupe un peu plus de la vaisselle.

On remarquera dans cet exemple que les « bonnes raisons » que propose l'épouse ne sont pas forcément celles auxquelles elle adhère (même si elle n'est pas en désaccord fondamental avec ces choix), mais que, en revanche, elles trouvent une très grande résonance chez son mari. Pour le dire autrement, il est difficile de convaincre avec les raisons qui nous ont nous-mêmes convaincus. Cette technique du « point d'appui » est fondamentale en argumentation [1].

Vue de l'extérieur, la ficelle utilisée par la femme de mon collègue peut paraître un peu grosse et on peut se demander pourquoi son mari n'a pas pensé plus tôt à mettre en pratique ses idées égalitaires dans la vie conjugale. La vie est ainsi faite. Un argument qui peut paraître élémentaire et trivial pour les uns peut avoir un fort impact chez d'autres et être un bon déclencheur du changement. Tout l'art est de trouver l'argument

1. Voir à ce sujet mon ouvrage, *L'Argumentation dans la communication*, La Découverte, coll. « Repères », Paris, 2003.

approprié à la fois à la situation et à la personne à qui il est adressé.

On remarquera que la demande de partage des travaux domestiques aurait pu se faire dans un climat de reproches, de tensions, et même de violences, peu propice à ce que la situation change. C'est d'ailleurs ainsi que cela se passe dans la majorité des cas. L'épouse a su ici objectiver sa colère et sa frustration, créer un climat où son mari était amené à regarder lui aussi objectivement la proposition qu'elle lui faisait. Elle a su aussi l'écouter et, loin de lui imposer son point de vue, elle a cherché, dans les idées avec lesquelles il était déjà en accord, celle qui l'amènerait le plus facilement à partager l'opinion qu'elle lui proposait. Elle a ensuite su affirmer son point de vue en trouvant les bons arguments.

Face à l'adolescent qui s'oppose systématiquement

Le dialogue en famille avec des adolescents difficiles s'apparente parfois aux situations qui consistent à parler avec des gens qui ont un point de vue *systématiquement* opposé. L'adolescent qui a décidé – plus ou moins consciemment – de se « faire les dents » en testant la résistance de ses parents va s'en prendre aux trois niveaux que j'explore ici. Il fait tout pour que ses parents sortent de leurs gonds et se laissent aller à une violence qui servira en retour d'alibi à la révolte qu'on leur oppose.

La colère et les sentiments parfois violents qu'il ressent et exprime sont une composante essentielle de la construction de sa personnalité. L'adolescence est souvent une période difficile pour ceux qui la traversent et elle constitue parfois une véritable violence. La difficulté se redouble pour lui s'il rencontre des sentiments équivalents chez le parent. D'où l'importance particulière de l'objectivation avec les adolescents. L'adulte donne le modèle de celui qui tient la barre fermement, de celui qui a franchi ce cap et qui en connaît les difficultés...

L'adolescent ne va donner aucune prise à l'écoute, conférant ainsi souvent aux dialogues un caractère fuyant particulièrement pénible. Il ne veut pas écouter, il veut qu'on l'écoute. Pourquoi pas ? C'est justement ce qui fait avancer la situation. Encore faut-il vraiment l'écouter et savoir doser ces deux ingrédients contradictoires : l'écoute empathique, qui n'implique aucun jugement de valeur et constitue une promesse que l'on tiendra compte de ce qui est dit, et l'écoute qui guide et qui borne. La part de l'écoute empathique, au sens qui est défini ici, est profondément nécessaire dans la relation avec les adolescents, mais elle ne saurait être la seule modalité de sa prise en compte puisqu'il a, en même temps, besoin de repères.

Enfin, il va opposer une résistance farouche à toute argumentation qui le prendrait comme destinataire. Cette difficulté est en partie résolue si les deux premières étapes sont franchies. Si ce n'est pas le cas, toute tentative de le convaincre de quoi que ce soit risque de retourner à la case départ : la violence mutuelle.

Objectivation, écoute active, affirmation argumentée de son point de vue ont permis, dans les situations que nous venons d'analyser, un dénouement rapide – même si les résultats obtenus sont parfois modestes –

et surtout de quitter les rails de la violence programmée. Il est temps maintenant de franchir un cap supplémentaire et d'aborder d'autres situations, qui peuvent être, à certains égards, plus violentes que celles que nous venons de voir.

4

La peur de prendre la parole face à un public difficile

En quoi le fait de prendre la parole, notamment en public, constitue-t-il une « situation difficile » au sens où nous l'entendons ici ? Tous les sondages et enquêtes indiquent que prendre la parole en public est ce qui effraie le plus les gens, avant même la peur de se faire agresser dans la rue. De très nombreuses personnes ont du mal à s'exprimer devant un groupe, grand ou petit, qu'il soit professionnel, associatif, amical ou familial, et cela représente même, pour certains, une véritable *souffrance*. Beaucoup mettent en place de très nombreux comportements de défection, d'évitement de toute situation où ils seraient amenés à parler devant les autres, même quand les publics auxquels ils s'adressent sont *a priori* bienveillants. Pour tous ceux-là, parler, argumenter, est d'emblée une « situation difficile », source de violence et de souffrance. On peut imaginer ce qu'il en est lorsqu'il s'agit de parler à des publics indifférents et surtout hostiles.

Dans les sociétés modernes – ce n'est pas le cas dans d'autres sociétés, où le statut de la parole est différent –, tout se passe comme si nous avions peur des autres, en tout cas dès qu'il s'agit de leur parler et surtout quand on a quelque chose à dire qui nous engage. Le bavardage sans objet précis, en effet, n'entraîne pas les mêmes craintes. C'est sans doute pour cela que certains s'y cantonnent.

Différentes enquêtes évaluent à 55 % de la population environ la proportion des personnes ayant peur de prendre la parole devant un public, même restreint, et évaluent à près de une sur trois le nombre de personnes obligées de renoncer à s'exprimer devant un groupe. Selon les psychiatres Christophe André et Patrick Légeron, auteurs d'un ouvrage sur le sujet [1], près de 60 % des Français se disent timides. Le même phénomène se retrouve outre-Atlantique, où 40 % des Américains se présentent comme habituellement timides, et 90 % comme occasionnellement timides.

La présidente de l'Association américaine des patients atteints de troubles anxieux, Jerilyn Ross, intervenant au congrès mondial de psychiatrie de Rio de Janeiro, en juin 1993, exprimait ainsi la difficulté ressentie par beaucoup de personnes au moment de se présenter en public :

> *« Imaginez qu'en entrant dans cette salle, vous vous aperceviez soudain que vous êtes tout nu... Imaginez bien tout ce que vous ressentiriez alors... Sans doute de la gêne, de la honte. Que feriez-vous ? Chercheriez-vous à fuir, à vous dérober aux regards des gens ? Et si, peu après, vous deviez rencontrer*

1. Christophe ANDRÉ et Patrick LÉGERON, *La Peur des autres. Trac, timidité et phobie sociale*, Odile Jacob, Paris, 2000.

à nouveau les personnes vous ayant vu ainsi, dans quelles dispositions seriez-vous ? Tout cela c'est ce que vivent, avec plus ou moins d'intensité, il est vrai, les anxieux et les phobiques sociaux, mais dans des situations d'une banalité extrême, comme prendre la parole devant un groupe d'amis[1]. »

La souffrance de prendre la parole

On voit, à travers cet exemple, combien la prise de parole n'est pas un geste simple, « naturel », et qu'elle se révèle toujours infiniment plus problématique qu'on ne se l'était imaginé. De nombreuses personnes n'ont aucun mal à parler, mais prendre la parole devant un public pour obtenir par exemple une approbation ou un changement de point de vue, ou encore emporter une décision difficile, relève pour elles d'une tout autre dimension. Cela se traduit par les très nombreuses plaintes, formulées à tous les niveaux, de personnes constatant « ne pas pouvoir parler en public ».

Ainsi cette personne qui avoue : « Au moment de passer à mon tour sur l'estrade et de parler dans le micro, j'ai complètement perdu les pédales, je me suis effondrée, incapable de dire un mot, sidérée. Je ne comprenais plus rien à ce qui se passait, j'ai été totalement incapable de réagir, d'agir de façon raisonnée. D'ailleurs, je ne me souviens plus claire-

1. Cité par Christophe ANDRÉ et Patrick LÉGERON, *ibid.*

ment de ce qui s'est passé, sinon que les gens ont été très gentils et compréhensifs avec moi. »

Ou encore cette femme qui voit ses ambitions brisées par la peur de prendre la parole : « Je voudrais faire du théâtre, de la politique... Mais je crois que je n'y arriverai pas toute seule : depuis toujours, je suis incapable de parler à un groupe. À l'école, j'étais paralysée lorsque je devais passer au tableau, aucun professeur n'a pu m'y faire prononcer un mot ; j'ai échoué dans mes études car mes examens ont été des catastrophes. Même bourrée de tranquillisants, je ne pouvais articuler le moindre mot. J'ai toujours été passionnée de politique, mais aux réunions, parmi les militants, je n'ai jamais osé prendre la parole. Quand on me sollicitait, c'était pitoyable : je bredouillais quelques phrases embrouillées d'une voix blanche. Il me tardait d'en finir, de me rasseoir, ensuite je n'osais plus regarder les gens en face, de peur de lire de la pitié dans leurs yeux[1]. »

Ces situations, si on veut bien y regarder de plus près, sont vécues comme extraordinairement violentes par ceux qui y sont confrontés. Le cocktail, constitué par le fait d'avoir quelque chose à dire qui vous engage et par le fait d'être en présence d'un public, est particulièrement paniquant et paralysant.

---

1. *Ibid.*

Une mise à distance

Que faire dans cette situation ? Bien sûr, je n'ai pas de remède miracle. S'il y en avait un, il serait probablement déjà connu de tous : aucun secret dans ce domaine ne pourrait être gardé longtemps. Mais tout mettre sur le dos de la « timidité », de la « phobie sociale », ou d'une question de personnalité me paraît contradictoire avec mon expérience de ce phénomène, même si cela peut concerner quelques cas. Je connais en effet de nombreuses personnes timides qui ont appris à parler en public avec aisance *tout en restant par ailleurs timides*. Il ne faut peut-être pas attendre la solution d'un problème de fond, la timidité, pour espérer obtenir quelques résultats dans cette activité finalement « locale » qu'est la prise de parole en public. On peut même considérer, d'une certaine manière, que la timidité n'est pas en soi un « problème » mais une caractéristique de la personnalité, qui présente des inconvénients, certes, mais qui peut comporter aussi pas mal de charme.

Je propose donc de disjoindre la peur de parler en public, comme situation effectivement difficile, de toute appréciation d'ensemble sur la personnalité. En quoi le protocole que nous avons élaboré plus haut peut-il nous aider à affronter cette situation ?

Tremble carcasse...

L'objectivation, nous l'avons vu, implique une mise à distance. C'est précisément l'impossibilité de cette prise de distance dont se plaignent ceux qui paniquent devant un public. Tous les témoignages concordent : « C'est l'émotion qui l'emporte », « C'est le stress qui domine ». L'effondrement n'est pas loin et on ne peut rien y faire. On est comme collé à soi et on ne contrôle plus grand-chose.

À ce stade, une première distinction peut nous faire progresser. On sait que le stress est utile. Il correspond, sur un plan physiologique, à une mobilisation globale du corps et de l'esprit en vue d'une épreuve réelle qui s'annonce. Mais ce stress « utile », quoique subjectivement très désagréable à ressentir, se double souvent d'un surcroît d'émotion, assez inutile parce que paralysant et à l'origine d'une certaine souffrance. Cette émotion est liée à une peur de la situation, c'est-à-dire à une peur des autres, de leur regard, de leur jugement, de la menace, réelle ou imaginaire, qu'ils représentent pour moi en cet instant.

Tout se passe comme si nous avions à ce moment précis une représentation du public comme hostile et potentiellement violent. Parfois même, dans ces situations, nous voyons le public, fantasmatiquement bien sûr, comme agressif et violent à notre égard. Il arrive même qu'il le soit effectivement. Notre émotion devant cette situation a donc deux composantes.

Tous ceux qui ont acquis, avec l'âge ou l'expérience, l'habitude de parler en public le disent : le stress « utile » ne disparaît jamais. Tous les grands – et les moins grands – acteurs ou orateurs vous le diront : ils ont souvent le « trac » avant d'entrer en scène. J'ai appris, dans mon activité de conférencier, à me méfier de l'absence de stress : lorsque je n'ai pas peur avant de parler, c'est que je ne suis pas dans le coup, que je ne pense pas à la situation. J'ai subi moi-même plusieurs échecs oratoires pour n'être pas ainsi stressé, donc intellectuellement et physiquement mobilisé, avant une conférence. Nous avons besoin de la force qui est derrière le stress utile.

Peut-on apprendre à distinguer, à l'intérieur de soi, entre ce stress utile, sur lequel nous pouvons nous appuyer, et le stress « parasite » ? Il semble que cela soit possible. Ce dernier est porteur d'une violence qu'en général on retourne contre soi (mais il n'est pas exclu que l'on cherche à se « venger » sur l'auditoire). Et une fois qu'il est là, il ne faut guère compter qu'il s'en ira si facilement. Le but n'est donc pas de faire partir ce stress ou de faire comme s'il n'était pas là, mais de le reconnaître, de l'identifier, de ressentir avec précision les signaux qui annoncent son apparition.

Le stress utile est une force, le stress parasite est une violence. Or celle-ci, on le sait, a un goût particulier, très personnel, mais que chacun peut apprendre à reconnaître. Nous retrouvons là un problème qui traverse tout ce livre et qui consiste à *identifier la montée de violence intérieure quand elle se produit.* Pour cela, pas de recette, à chacun de trouver sa voie et d'apprendre à reconnaître et à interpréter les signaux intérieurs qui lui sont personnels.

Je me souviens, pour ce qui me concerne, de cette phrase du maréchal de Turenne, face à un pont qu'il devait enlever sous la mitraille, qu'un instituteur bien intentionné avait proposée à notre classe pour nous faire réfléchir sur le thème du courage : « Tremble carcasse, si tu savais où je t'emmène, tu tremblerais encore plus ! »

Cette formule m'a souvent aidé à faire une disjonction intérieure entre deux formes de stress. Elle illustre bien le mécanisme de l'objectivation, qui consiste tout simplement, dans une situation de panique, et pour reprendre les commandes de son corps et de son esprit, à regarder la peur qui est en soi, à ne pas la nier, à s'adresser à elle comme à un élément non souhaitable mais présent, comme à quelqu'un qui serait venu chez vous par intrusion mais à qui on peut malgré tout parler. *Parler intérieurement à sa peur*, voilà peut-être la première étape réussie d'une prise de parole difficile.

Certains orateurs, pour objectiver cette peur au moment même où ils se retrouvent devant le public, sans échappatoire possible, commencent d'abord, lentement, par regarder chacun de ceux qu'ils ont en face d'eux. Mentalement, ils s'en font la description : « Tiens, il y a beaucoup de jeunes dans le public, tiens, cette dame a l'air déjà intéressée, ce monsieur est habillé très élégamment et a l'air distrait, et cette jeune fille, devant, là, me sourit étrangement. » Ce regard et cette description intérieure ont un effet apaisant – et pas uniquement pour l'orateur, mais aussi pour l'auditoire, *qui se sent immédiatement pris en compte.*

Une parole écoutante

Mais, disons-le tout net, cela ne saurait suffire. L'objectivation n'est jamais que le premier pas, nécessaire, pour sortir d'une situation difficile. Notre deuxième ressource, nous l'avons vu, est l'écoute active. Je suis frappé, dans toutes les observations que j'ai pu faire de personnes ratant une prise de parole, de voir que beaucoup, dans cette conjoncture, ayant réussi à dépasser la paralysie du stress, se contentent de parler, *comme si elles étaient seules*, dégageant le plus souvent une pénible impression pour l'auditoire, et gâchant souvent les chances d'un succès possible.

Or prendre la parole devant un public, c'est d'abord s'adresser à lui. Je voudrais faire ici une proposition paradoxale, inspirée par l'expérience : *parler devant un public, c'est d'abord être à son écoute.* Tout commence par l'écoute. Certains orateurs, en position de parler, se taisent, observent leur public calmement, en regardant chacun dans le silence. Ce regard est une écoute : « Êtes-vous prêts à m'entendre ? » Une telle démarche témoigne d'un grand respect pour l'auditoire qui, en général, vous en sait gré. Le comportement inverse, fréquent, est souvent source de catastrophe.

> *Une jeune enseignante responsable de la formation, qui m'avait invité, devait me présenter pour la première fois aux nouveaux étudiants dont j'allais animer le séminaire. Elle entra en coup de vent dans la salle où je me tenais déjà, et alors que les auditeurs étaient en train de s'installer en discutant entre eux, certains encore debout devant leur table. Sans plus attendre, et sans les regarder, elle commença à parler. Personne ne l'écoutait. Le brouhaha général ne cessa pas, ce qui ne l'empêcha pas de continuer à parler, de se présenter elle-même, de décliner mes qualités, les bonnes raisons que j'avais d'être là, et l'excellent cours que j'allais leur faire. Je n'en demandais pas tant.*
>
> *Lorsqu'elle eut fini, les étudiants eurent eux aussi fini de s'installer et se disposèrent enfin, car ils étaient courtois, à écouter. C'est à ce moment-là que ma collègue, ayant achevé sa prise de parole, leur*

dit au revoir et prit la porte. Je dus évidemment tout recommencer et me présenter moi-même, ce qui n'est jamais une tâche aisée. À la fin de la séance, l'un des nouveaux étudiants fit référence à la « secrétaire » qui était passée au début du cours, mais pour quoi faire au juste ? Il n'avait même pas remarqué que c'était une enseignante.

Voilà comment une prise de parole ratée, du fait de ne pas avoir obtenu l'attention, transforme dans l'esprit de l'auditoire la responsable de la formation en une simple secrétaire (encore que de nombreuses « simples secrétaires », dans cette situation, se seraient fait écouter, n'ayant pas d'autre choix que l'autorité de leur parole). Connaissant cette jeune collègue, je sais bien la force qui l'a fait aller dans le sens contraire : sa timidité. Elle s'était fixé pour objectif de dire ce qu'elle avait à dire, ce qu'il faut dire lorsqu'on présente un collègue. Là est l'erreur ! L'objectif dans son cas aurait dû être, non pas de *dire* ce qu'elle avait à dire, mais de le *faire entendre*. La différence est de taille. Bien sûr, pour se faire entendre, il faut d'abord dire. Toutefois, l'objectif de la parole n'est pas de parler, mais de se faire entendre.

J'ai ma part de responsabilité dans l'échec de cette jeune collègue. L'entendant parler dans le brouhaha général, et constatant que personne n'écoutait, j'aurais dû l'interrompre, lui faire remarquer la situation et lui proposer d'attendre quelques instants que les étudiants aient fini de s'installer. Mais voilà, elle parlait d'autorité, tout en n'étant pas entendue, et si je l'avais interrompue, je prenais le risque de ne pas être à ma place. Mais, avec le recul, ce risque aurait dû être pris.

Chez certains, une telle attitude, qui consiste à ne pas s'assurer de l'attention de l'auditoire, confine à l'orgueil, dont la timidité n'est parfois qu'un paravent. Ils n'ont qu'à m'écouter ! Ce que j'ai à leur dire est si important ! Et puis, qui est le meilleur ici ? Le problème est qu'en démocratie le régime de la parole implique un double accord : qu'on veuille bien parler, qu'on veuille bien écouter. Cette règle vaut même dans les situations institutionnelles où l'autorité prévaut. Dans ce sens, la démocratie est bien un dissolvant potentiel de la hiérarchie.

Les orateurs qui ont un peu d'expérience savent qu'un des moyens possibles pour obtenir l'attention, lorsque le point de départ est un brouhaha de l'auditoire, est d'attendre soi-même calmement, sans rien dire, que le silence se fasse de lui-même, ce qui finit en général par arriver. Cela peut prendre un peu de temps, mais finalement personne ne s'en rend compte. Pour beaucoup de gens, l'interaction commence à partir du moment où ils commencent à écouter.

L'important en la matière est de se placer en posture de demander l'écoute et non de la supposer acquise ou de l'imposer. Se taire, comme début de prise de parole, place l'auditoire dans la situation la plus naturelle qui soit pour lui : celle où il décide du moment de son écoute. Cette posture rétablit la symétrie fondamentale de la situation de parole.

Le silence, l'attention, l'écoute

Mais une fois que l'orateur commence à parler, il n'est en principe plus dans une situation d'écoute. C'est sur ce point précis que certains font à mon sens un contresens fondamental, car la parole est écoutante ou elle n'est pas. La rhétorique ancienne a produit de nombreuses interrogations sur les mécanismes de « captation de l'attention de l'auditoire ». Tous les manuels d'argumentation accordent une place importante à la première partie du discours. Bien avant que l'on expose de quoi il s'agit, ou que l'on donne des arguments, il est nécessaire d'obtenir l'écoute. Or l'écoute s'obtient en écoutant.

Cette première partie du plan rhétorique, celui de la prise de la parole en public, prévoit toujours un exorde, destiné à capter l'attention, voire la bienveillance de l'auditoire. L'exorde ne s'arrête que quand cet objectif est atteint. Et cela, on ne le sait qu'en prêtant une extrême attention à la façon dont l'auditoire reçoit ce qu'on lui dit. Un auditoire normalement constitué écoutera avec bienveillance l'orateur qui l'écoute, qui cherche à connaître ses réactions, l'orateur attentionné, aux antipodes de celui qui, comme on dit, « s'écoute parler ».

Voilà pourquoi le mécanisme du stress parasite est effroyable : il enferme la personne en elle-même, il l'enveloppe dans sa peur, puis il la jette sur scène en lui projetant l'image d'un public hostile, contre lequel elle se protégera en ne l'écoutant pas, en faisant comme s'il n'était pas là, ce qu'aucun auditoire ne pardonne jamais. C'est un cercle vicieux ! Il faut donc lutter contre l'impression d'être seul, accepter de se placer dans une situation de dialogue. La prise en compte de l'autre, de sa présence, de son existence, passe par la parole écoutante, qui est le plus sûr antidote à la violence d'une situation vécue comme difficile.

Toute prise de parole pourrait être décrite comme le franchissement de trois couches successives : le silence, l'attention, l'écoute. Le silence est souvent une condition *sine qua non* de la parole. Comment parler et être entendu dans un environnement sonore qui diminue la parole, qui la rogne au passage ? La parole est exigeante et demande l'exclusivité sonore. C'est dans le silence que l'orateur doit parler pour que sa parole se détache clairement. Mais le silence de l'auditoire fait parfois illusion. On peut être silencieux sans écouter.

L'autorité obtient souvent le silence. Il est rare que l'on bavarde dans une réunion animée par son chef de service. Le silence dans le cas d'une situation hiérarchique est un dû, une quasi-obligation. Mais celle-ci ne s'étend pas jusqu'à l'attention. Tout au plus peut-on exiger les signes de l'attention. Bien des subordonnés sont devenus experts en simulation de l'attention lors des réunions de travail. Hélas, c'est souvent tout ce qu'on leur demande.

L'ego de la personne qui dispose d'une autorité se satisfait souvent d'obtenir ces marques de soumission que sont le silence religieux et les signes apparents de l'attention. On voit ainsi les participants à une réunion écrire après chaque parole de l'animateur, hocher régulièrement la tête, froncer les sourcils pour marquer leur concentration, tout en pensant à la pelouse qu'il leur reste à tondre, au meilleur chemin qu'il faudra prendre pour éviter l'embouteillage du soir, ou encore à l'organisation de l'anniversaire du petit dernier. Nous sommes là bien loin de situations de parole qui exigent, elles, à la fois le silence et l'attention, et surtout l'écoute active.

De l'attention à l'écoute, il n'y a qu'un pas, qui ne demande qu'à être franchi. On peut toutefois être attentif sans écouter. L'attention se disperse alors dans les périphéries de la parole. Elle se reporte sur la personne de l'orateur, sa manière de parler, son apparence, son habillement, son style, la musique de ses mots, mais plus le contenu de ce qu'il dit.

L'attention, au contraire, lorsqu'elle se porte sur la parole, se concentre sur elle, élimine petit à petit de la situation ce qui n'en relève pas. L'écoute ne relève plus de la vision. Elle met ce que l'on voit au service de l'audition. L'écoute est assurée lorsque la parole de l'autre emplit tout l'espace de la perception, quand le monde est tout entier contenu dans ce qu'il dit.

Cette progression, du silence à l'écoute en passant par l'attention, transporte la parole dans la conscience même de celui qui s'ouvre à elle. Elle est une demande de celui qui parle et une acceptation de celui qui écoute. L'exorde, comme premiers pas de la parole, n'a d'autre but que de lui ouvrir ce chemin. La tradition classique met l'exorde en tête du discours. Elle est la toute première partie du plan rhétorique. La tradition nous apprend aussi qu'on ne peut pas s'en dispenser, même quand l'écoute de l'auditoire semble acquise. Ce serait en effet confondre l'attention et l'écoute. Or cette dernière n'est jamais donnée mais toujours construite comme entité singulière, relative à une situation donnée. L'attention est sociale, l'écoute personnelle. L'orateur peut provoquer l'attention, la capter à son profit, mais c'est en dernier ressort à l'auditoire que revient de livrer son écoute, car celle-ci est la frontière de son intériorité, donc de son intimité.

Capter l'attention

Les citoyens qui découvraient la démocratie, dans les premiers temps de l'agora, s'attachèrent à la sécurité d'exordes types. Aujourd'hui encore, la recherche de l'attention de l'auditoire oscille entre l'art de propos singuliers, adaptés aux circonstances et aux personnes, et l'emprunt de formules consacrées.

Ainsi, la très ancienne formule consistant à dire que l'on n'est pas un bon orateur, afin de solliciter l'indulgence, donc l'attention du public, reste-t-elle fréquemment utilisée. Entendons-nous sur ce point : si un bon orateur, habile à manier les mots et à l'aise devant son public, se sert de cette formule comme exorde, il prend le risque d'apparaître comme quelqu'un qui se moque carrément du monde. En revanche, cet exorde type, manié avec sincérité par un véritable timide, peut ouvrir un chemin inhabituellement large pour sa parole.

Comment celui qui a tendance à bafouiller ne se verrait-il pas accorder une certaine attention si, en tête de son propos, il avoue clairement cette disposition ? « Je ne sais pas bien parler en public, je suis un peu timide et vais probablement bafouiller, mais si je prends la parole, c'est que je tiens absolument à vous dire ceci... » Les personnes plus assurées d'elles-mêmes l'écouteront sans problème, car on n'écrase pas de cette manière, surtout en public, plus faible que soi, tandis que les timides, souvent nombreux dans le public, comprendront bien de quoi il s'agit. La question est qu'ici cet aveu de faiblesse se double d'une ferme volonté de dire ce que l'on a à dire. La timidité n'est pas absence de volonté, ni manque de parole. Elle est un obstacle entre une parole qui veut être tenue et une parole tenue effectivement. La demande que renferme l'exorde est claire : aidez-moi à passer cet obstacle. Vous seul, par votre attention, pourrez m'aider à le franchir.

On voit que le meilleur exorde, si tant est qu'une telle hiérarchie existe, est toujours celui qui est à la fois le plus adapté à l'auditoire, à la situation, et qui fait apparaître l'orateur comme attentif à l'attention de l'auditoire. L'exorde délivre un message spécifique : je tiens compte de vous, c'est à vous que je parle, je m'en remets à vous. L'exorde rappelle cette dimension essentielle de la parole qui est de s'adresser, toujours, à quelqu'un et, pour ce faire, de l'écouter activement.

Parler devant un public hostile

Il arrive qu'un auditoire ne soit pas prédisposé à l'écoute, par exemple lorsqu'une partie de ceux qui le composent est hostile et arrive à imposer le désordre. Tous les enseignants ont connu le chahut. La plupart d'entre nous ayant été élèves, chacun a sans doute en mémoire l'un de ces moments où les hiérarchies se renversent et où une classe bien organisée peut faire vaciller un professeur, donc la personnification de l'autorité. L'acte pédagogique nécessite lui aussi d'être pris dans une parole qui sollicite l'attention. Le chahut est une forme de refus, d'ailleurs souvent symptôme d'un malaise ayant d'autres causes. Parfois le chahut est pure violence, conduite par un meneur qui tente de se réaliser dans ce qui constitue une véritable agression. Tous les chahuts ne sont pas aimables.

Dans un pareil cas, loin de toute démagogie, la plupart des enseignants font appel aux ressources de leur autorité, qui implique aussi l'utilisation éventuelle des procédés répressifs habituels (punitions ou devoirs supplémentaires). Mais ils peuvent aussi, à la place ou en complément de l'autorité, tenter de rétablir un lien de parole. L'art personnel de chaque professeur est dans le dosage de l'autorité et de la parole, notamment avec des adolescents. Combien de remarquables professeurs, ayant eu de brillantes notes au concours, ont buté sur cet art que nul n'enseigne : maintenir un lien de parole avec une classe, capter l'attention et la garder. Tout cela tient au fait qu'*in fine*, même dans les situations où l'autorité prévaut, ce n'est pas elle qui a le dernier mot. Sans acceptation volontaire, il n'y a pas d'écoute possible.

Seul face au chahut

Je me souviens d'un jeune enseignant à l'université, confronté dès son premier cours de l'année à un amphithéâtre rempli de centaines d'étudiants, dont une petite dizaine semblait déterminée à semer la pagaille. La violence de la situation risquait de la rendre intenable pour le reste de l'année. La majorité de l'amphi était composée de spectateurs attendant de voir qui gagnerait, de l'enseignant ou des perturbateurs, ce combat psychologiquement éprouvant. Les salles de cours peuvent devenir rapidement des arènes où s'affrontent les gladiateurs.

Confronté dès le début au chahut, le jeune professeur fit alors une chose assez étonnante. Il arrêta son cours, s'adressa calmement à l'auditoire et leur expliqua assez humblement, mais de façon déterminée, qu'il avait beaucoup travaillé pour préparer ce cours. Que la matière qu'il y traitait l'enthousiasmait, qu'il se réjouissait de partager avec eux ses réflexions. L'amphi, surpris, se calma, et l'enseignant obtint dix bonnes minutes de silence, pendant lesquelles il reprit le fil, jusqu'à ce que le brouhaha redémarre, suite à quelques avions en papier que leur ample trajectoire rendait visibles de tous.

Loin de se démonter, le professeur reprit, sur le même ton à la fois humble et ferme (tout tenait dans ce paradoxe), son explication sur le fait que, tout l'été, il avait lu de nombreux livres et articles en pensant à son cours de l'année, et qu'il avait apporté un soin tout particulier à construire pour eux un plan et une progression adaptés. Que le sujet qu'il traitait n'était pas une simple matière universitaire, mais avait de nombreuses implications qui le passionnaient et dont il espérait transmettre l'intérêt.

Il ne dit rien de plus que la première fois, simplement il changea quelques mots et expliqua autrement. Le simple fait d'énoncer cette longue description (la liste de tout ce qu'il avait réalisé pour préparer ce cours) eut un effet apaisant à la fois sur lui-même et sur l'auditoire. Les étudiants semblaient médusés. Voilà un professeur qui leur racontait le dessous d'une préparation de cours, qui leur disait avec franchise qu'il avait travaillé pour eux, durement, là où d'habitude les enseignants ont l'air d'avoir la science infuse et exigent des étudiants qu'ils comprennent tout tout de suite. La situation était renversée, le professeur montrait son « ventre blanc » (en référence au dauphin qui présente la partie la plus fragile de son anatomie, comme message de non-agression). Il avait beaucoup travaillé et c'était à eux au fond de décider s'ils voulaient l'écouter.

Le chahut cessa progressivement. Un étudiant leva le doigt et posa une question sur un point précis se rapportant au contenu du cours. Le professeur répondit de façon détaillée, précisant que ce point serait repris plus tard, et que son traitement avait été prévu dans le plan, avec de nombreux exemples à l'appui.

Le cours continua jusqu'à ce qu'un des meneurs recommence un certain nombre de réflexions à voix haute. De plusieurs endroits dans l'amphi, des têtes se retournèrent et demandèrent à l'intrus de faire silence. La partie était gagnée. Non seulement le professeur avait obtenu l'attention de la grande majorité de l'auditoire, mais il avait fait d'eux les gardiens attentifs de cette attention. Le cours se poursuivit dans ce climat apaisé et studieux tout au long de l'année.

Ce dernier exemple, qui vaut bien au-delà des amphithéâtres universitaires, montre l'importance de la troisième ressource que nous avons évoquée : affirmer de façon argumentée son point de vue.

Un degré de violence supplémentaire

Prendre la parole en public, on le voit, correspond bien à une situation difficile qui appelle à la fois l'objectivation de son émotion – et parfois de celle de l'auditoire –, l'écoute active, point ici essentiel, et enfin l'affirmation argumentée de son point de vue, qui est l'objectif premier de la prise de parole mais qui ne peut se déployer que si les deux premières conditions de notre protocole sont remplies. Il est important de souligner à nouveau qu'un peu de méthode permet d'aborder cette situation difficile qu'est la prise de parole en public, sans recourir forcément à une « psychologisation » du problème. La mise en œuvre des trois ressources de cette méthode permet d'acquérir une confiance en soi tout à fait profitable, concrètement, à l'ensemble de la personnalité.

Franchissons maintenant un degré supplémentaire dans la violence des situations difficiles que nous risquons de rencontrer. Comment agir en effet dans les cas où l'on cherche, le plus souvent consciemment, à nous manipuler, nous plaçant ainsi dans une des situations parmi les plus pénibles qui soient ?

5

Déjouer une entreprise de manipulation

De nombreuses personnes se demandent avec inquiétude comment résister à la manipulation dont elles pourraient être victimes. La manipulation est un phénomène troublant, car elle se pare du manteau de la dissimulation. Personne ne vient en effet s'adresser à vous en disant : « Ne bougez pas, je vais vous manipuler pour obtenir ce que je veux. » Pour être efficaces, les techniques de manipulation doivent être cachées aux yeux de ceux qui les subissent.

Pour cette raison, les plus pessimistes croient toujours qu'il y a plus de manipulation dans notre société qu'il n'y en a sans doute vraiment, et les plus optimistes ne la voient pas arriver quand elle est là. En quoi la manipulation est-elle condamnable et pourquoi doit-on s'en défendre ? La réponse est simple : la manipulation est une violence qui prive ses victimes de leur liberté de choix et produit chez elles, quand elles en deviennent conscientes, un sentiment de frustration qui peut les atteindre dans leur identité. La manipulation place donc ceux qui la subissent dans une situation particulièrement difficile, dont ils ne se sortent en général que péniblement[1].

Pourquoi j'ai choisi la voiture la moins pratique et la plus chère

Être manipulé met toujours la victime dans une situation difficile, car elle est amenée à faire un choix qu'elle n'aurait pas fait autrement, et pour de bonnes raisons. La manipulation intervient donc sur la décision et ses domaines d'application sont variés, qu'il s'agisse de la politique, des relations interpersonnelles ou professionnelles, du débat d'idées, de la publicité ou de la vente.

Pierre doit changer de voiture. Il rêve depuis toujours d'une voiture originale, mais avec deux enfants et bientôt un troisième, les voyages et les déplacements incessants en famille, un « monospace » classique serait bien sûr l'idéal. Déjà ces modèles sont à la limite de son budget, toutefois il est prêt à faire quelques sacrifices pour le bien-être de sa famille.

Le choix raisonnable s'imposant de lui-même, sa décision est bien sûr prise sans difficulté et il prend rendez-vous avec un concessionnaire d'une marque qui vend beaucoup de monospaces[2]. Celui-ci, au bout de quelque temps d'une discussion apparem-

---

1. Pour une description complète des techniques de manipulation et des enjeux sociaux de leur usage, je renvoie à mon ouvrage, *La Parole manipulée*, La Découverte, Paris, 1999.

2. Cet exemple, singulier, ne préjuge en rien de l'honnêteté et de la compétence des vendeurs des marques concernées : beaucoup d'entre eux font leur travail correctement et dans le respect du client.

ment anodine mais très chaleureuse, lui fait l'article d'une voiture plus haut de gamme. Il y a tout intérêt, car sa commission est plus élevée et le modèle plus difficile à écouler. Il s'agit d'un prototype très original mais plus cher, beaucoup moins pratique car doté de deux portes seulement et d'un coffre bien moins facilement utilisable par la famille. Une heure plus tard, bien pris en main par le vendeur, Pierre a signé pour le modèle original, moins pratique et plus cher.

On pourra trouver que Pierre est naïf et qu'à soi, bien sûr, cela n'arrivera jamais. Il est très difficile de reconnaître que l'on s'est « fait avoir ». Tout le monde, ou presque, a pourtant fait au moins cette expérience d'être entré dans une boutique et d'en être ressorti avec un autre objet que celui initialement prévu, d'avoir acheté un pull rose – qui restera dans l'armoire – plutôt que le polo gris dont on avait pourtant besoin. Entre les deux choix, il y a un vendeur habile à écouler ses stocks de pulls roses invendables. Bref, on s'est fait rouler.

Comme il est difficile d'accepter cette petite blessure narcissique et qu'en plus les procédés utilisés par le vendeur sont tout sauf transparents, on met facilement en place la machine à produire soi-même, de mauvaise foi, de « bonnes raisons » d'avoir cédé aux sirènes du vendeur. Mais, malgré cela, on sait bien au fond de soi-même que l'on s'est fait manipuler, et que ce n'est pas drôle.

Pierre s'est pourri la vie d'avoir fait ce choix, car, à chaque déplacement familial, ses enfants, qui au début, avaient trouvé la nouvelle auto de papa « chouette », sont contraints à de multiples contorsions pour se glisser à l'arrière (la voiture n'a que deux portes) et ont fini par le lui reprocher vivement. Sa femme aussi, qui se fait à chaque fois mal au dos au moment d'attacher le siège du bébé. Sans parler du budget qui a subi plus de sacrifices que prévu.

Pierre aurait pu s'entêter – c'est souvent le cas quand on est manipulé, car on ne veut pas reconnaître ce qui apparaît comme une faiblesse – et le couple aurait subi de multiples disputes qui auraient pu s'aggraver au fil du temps et « s'enkyster ». Mais il a eu le courage de revendre la voiture et d'assumer une perte financière pour choisir enfin un modèle plus adapté à sa situation et à sa décision initiale.

Reconnaître *a posteriori* que l'on s'est fait avoir nécessite un retour sur soi humble et difficile. Là aussi, les ressources de la description sont puissantes.

Pierre dit à sa femme : « Je crois que j'ai fait une erreur et j'aimerais bien savoir pourquoi. » Il a reconstitué avec elle les minutes de la discussion si cordiale qu'il a eue avec le vendeur, puis il a identifié le tournant qu'il avait pris, en grande partie contre son gré, et même le moment précis où, alors même qu'il éprouvait un malaise assez désagréable, il a donné son accord pour renoncer à l'achat de la voiture qu'il avait pourtant choisie. Il s'est même souvenu, tout au fond de sa mémoire, qu'à cet instant il s'était dit : « Je fais une erreur, mais tant pis. »

Ce dialogue avec son épouse eut l'effet de le calmer et de lui permettre de prendre la décision de revendre le véhicule, même à perte. Son épouse comprit également la situation et se dit qu'au fond cela aurait pu lui arriver à elle aussi. Leur conflit récurrent au sujet de cet achat se transforma en une nouvelle complicité.

Mais cela ne se passe pas toujours aussi bien et, de toute façon, Pierre a perdu de l'argent. La manipulation est une violence qui produit ses effets au long cours. Elle engendre de nombreuses frustrations intérieures et contribue à ruiner les situations relationnelles. Combien de couples se sont dégradés parce que le mari ou la femme a pris ainsi, sous l'effet d'une manipulation, une mauvaise décision, pleine de conséquences, et qu'il ou elle se refuse à considérer comme telle ? Car ne pas arriver à reconnaître que l'on s'est fait manipuler implique que l'on assume une décision que l'on sait mauvaise, ou pis de nier qu'elle le soit. Bref, une vraie catastrophe !

Je me suis fait rouler : que s'est-il passé ?

Ce qui a manqué à Pierre ici, au moment précis où il s'est fait rouler, c'est le dernier élément de notre protocole : *l'affirmation de son point de vue*. Dans la majorité des cas, le manipulateur joue sur l'ambivalence de celui qu'il va rouler. Et nous sommes tous ambivalents : nous rêvons d'un vêtement voyant et coûteux alors que nous portons habituellement du velours solide, nous nous voyons dans une voiture de sport alors que nous roulons dans une automobile plus courante, parfois nous rêvons d'un autre conjoint que celui que nous aimons... Certains peuvent aussi rêver d'un autre vote, qui secouerait le monde de la politique, alors qu'habituellement ils sont plutôt raisonnables de ce point de vue. On pourrait multiplier les exemples, tant notre imaginaire nous emmène parfois loin de ce que nous sommes.

L'ambivalence, comme le rêve, est une richesse et fait partie de notre identité. Mais voilà que surgit, au moment de prendre la décision, quelqu'un dont la compétence essentielle est de deviner ce qui est en vous et que vous ne vous avouez parfois pas à vous-même. C'est là une des principales qualités du vendeur malhonnête, du politicien démagogue et extrémiste, du séducteur amoureux, bref, du manipulateur : il lit en vous et discerne certains de vos désirs cachés. Ce personnage n'a pas son pareil pour vous proposer de faire passer ce qui devrait rester une richesse de l'imaginaire vers une réalisation pratique toujours décevante – et souvent catastrophique dans ses conséquences.

Le vendeur de notre exemple a vite compris que Pierre rêve d'un peu d'originalité en matière automobile. Mais il sait aussi que ce n'est pas le choix que son client a fait. Il faut donc l'empêcher d'être raisonnable, paralyser le jugement rationnel qu'il s'est formé, activer l'émotion, pour dévier sa décision.

Très souvent, cela commence par une subtile dévalorisation de votre point de vue initial. « Ta vie de famille est un peu plan-plan », dira la séductrice qui veut détourner l'homme marié, souvent pour le seul plaisir de casser le couple. « Tu es fait pour l'aventure, pas pour les horaires réguliers », « Tu vas encore rentrer manger la soupe de bobonne », « Libère-toi, fais-toi plaisir, pense un peu à toi » : la liste est longue des arguments déstabilisateurs de ce type, mais tous ont la même structure : favoriser un débordement d'émotion, paralyser le choix initial, jouer sur le désir d'aventure qui est tapi dans l'imaginaire d'à peu près tout homme marié.

Le politicien démagogue joue aussi sur ce ressort, jusqu'à l'extrême droite qui dit implicitement à ses électeurs potentiels : « Nous savons que vous ne partagez pas nos idées, mais servez-vous de nous pour donner enfin un grand coup de pied dans toute cette pourriture politicienne. Avec nous, au moins, il y aura un changement radical. »

Faut-il connaître les techniques de manipulation pour mieux les déjouer ?

Comment fonctionne la manipulation et comment s'en défendre ? Je propose de distinguer entre différentes familles de techniques de manipulation. Il n'est pas inutile de les connaître pour pouvoir mieux s'en défendre. On verra que, à rebours précisément du protocole proposé ici – lequel peut viser à convaincre l'autre, mais en le respectant –, toutes ces techniques visent bien à hypertrophier l'émotion, à paralyser l'écoute et à faire émerger un désir caché comme moyen de dévier l'interlocuteur de son point de vue initial.

Précisons que ces techniques sont connues et, dans un certain nombre de cas, enseignées le plus légalement du monde, sous couvert de « formations à la communication » ou de « séminaires de vente » placés sous le signe de la recherche de l'efficacité avant tout. Certains ouvrages proposés au public, y compris par des universitaires, ne sont rien d'autre que des manuels destinés à vous apprendre comment manipuler votre prochain. Les plus cyniques soutiennent que, de toute façon, « tout est manipulation » et que, donc, autant savoir comment s'y prendre... Ce n'est évidemment pas notre point de vue.

Les techniques de manipulation par la désinformation, dans le domaine économique ou militaire par exemple, dont les médias sont victimes de façon récurrente (et nous aussi par conséquent), sont également enseignées sous le couvert des impératifs de la « sécurité nationale », donc d'une forme étatique de « légitime défense ». Remarquons enfin que l'emploi de la plupart de ces techniques, des plus bénignes aux plus lourdes de conséquences, n'est pas considéré comme un délit, sauf dans le cas particulier, sur lequel nous reviendrons, du « harcèlement moral » dans les situations professionnelles.

Je propose de distinguer entre les techniques de manipulation « affectives » et les techniques de manipulation « cognitives ». Les premières jouent sur une hypertrophie de l'émotion, les secondes tentent plutôt de perturber l'écoute. Toutes les deux jouent sur l'ambivalence de nos désirs et les zones troubles de notre imaginaire pour nous détourner de l'affirmation de notre point de vue. Examinons-les rapidement, du point de vue qui nous occupe ici, qui est de savoir comment s'en défendre.

Comment lutter contre un bien-être créé artificiellement

Voici comment, dans ce type de manuels (par exemple ceux que propose la PNL – programmation neurolinguistique –, dont j'estime qu'ils exposent, pour une grande part, des techniques de manipulation), on explique comment créer une situation qui va permettre d'obtenir ce que l'on veut de son interlocuteur. Le procédé décrit ici est une technique dite de « synchronisation » et vise à faire naître artificiellement une émotion, en l'occurrence une sensation de bien-être, de connivence, de complicité, de fusion, qui va faire que l'auditoire va se dire tout d'un coup : « Ce gars-là est comme moi, donc son point de vue peut devenir le mien. »

> *On nous explique que, pour convaincre, il n'est pas besoin de développer des arguments rationnels, car l'être humain est tout entier « relation » et non raison. Les techniques de synchronisation permettent d'emporter la conviction, à condition qu'on les mette en œuvre sans que l'autre s'en aperçoive. On doit d'abord apprendre à observer l'autre, ses mouvements d'yeux, ses postures corporelles, ses mouvements familiers, sa respiration.*
>
> *Puis, quand on est en face de celui que l'on veut « convaincre » (en fait manipuler), il importe, tout en racontant n'importe quoi car le contenu ici n'a pas d'importance, d'imiter ses comportements corporels, comme si on était « en miroir ». On synchronise sa respiration sur la sienne, on copie et reproduit le rythme exact de ses battements de cils, on croise les jambes comme lui, etc.*

Au bout d'un certain temps, nous promet-on, la situation se détend, la relation est comme apaisée et l'autre fait exactement ce que vous voulez de lui...

Comment déjouer une telle situation ? Appliquons notre protocole. Lorsque je sens naître en moi, dans une interaction, notamment avec quelqu'un que je ne connais pas, une émotion nouvelle, qu'elle soit positive ou négative (la manipulation est bien une agression et une violence, mais elle s'exerce de façon « douce », au moins dans un premier temps), *c'est le signe que je dois être en éveil*. C'est d'ailleurs ce que Pierre aurait dû faire quand la conversation avec son vendeur est devenue si « sympathique ». Cela ne signifie pas bien sûr qu'il s'agisse nécessairement de manipulation (les relations amicales ou amoureuses naissent aussi comme cela), mais que celle-ci est possible.

Déjouer la manipulation

Alors peut commencer le travail d'objectivation et de description. Je peux regarder la situation de la façon la plus neutre possible et me demander par exemple ce que mon interlocuteur est en train de faire, les mots qu'il utilise, les gestes qu'il emploie. En somme, regarder la situation de l'extérieur, comme si je n'y étais pas impliqué et que je devais la raconter à quelqu'un d'autre.

Le responsable d'un séminaire d'argumentation que j'anime régulièrement pour un grand organisme public a coutume de me présenter aux stagiaires en début de formation. Une année, pour illustrer l'intérêt à ses yeux de ce que j'allais pouvoir dire sur la différence entre argumentation et manipulation, il raconta aux participants qu'il venait de recevoir dans son bureau deux personnes qui lui avaient demandé rendez-vous. Celles-ci voulaient lui vendre une nouvelle formation organisée par leur cabinet. Jusque-là, rien de plus normal.

Au fil de l'entretien, le responsable sentit que quelque chose « clochait ». Il identifia rapidement la source de son malaise : l'un des deux interlocuteurs était en train de se synchroniser sur lui ! Or ce responsable avait suivi mon séminaire où nous avions longuement analysé cette technique et ses effets manipulateurs. Il les éconduisit donc poliment. Il avait tenu ensuite à faire part aux stagiaires de l'intérêt qu'il y a à connaître ces techniques et à pouvoir s'en défendre.

L'application de notre protocole permet, dans une situation de ce type, de déjouer la manœuvre. On voit que la phase d'écoute est essentielle. Après que la description a permis de se mettre à distance de l'émotion provoquée par les manœuvres de l'autre, l'écoute permet de repérer avec précision les techniques qu'il utilise. La réaffirmation de son propre point de vue signe ensuite l'échec de la tentative.

Une écoute attentive, active, ne risque-t-elle pas d'entraîner l'effet contraire et de se rendre plus perméable aux propos du manipulateur ? Non, car cette écoute intervient, grâce à la description, après la phase d'objectivation qui permet de se mettre à distance de l'autre. Le manipulateur essaie, lui, précisément, de réduire cette distance, de pénétrer dans l'espace privé de son interlocuteur.

Un collègue enseignant outre-mer, dans un DOM, partageant mes préoccupations pour la manipulation, me raconta un jour qu'un homme politique local avait l'habitude, alors qu'il était reçu dans ses tournées électorales à l'avant de la maison (dans la culture et l'urbanisme créoles, le devant est public, l'arrière est privé), de prétexter un besoin urgent pour accéder aux toilettes et ainsi pénétrer l'intimité du foyer. Il espérait de la sorte créer un climat de plus grande proximité, propice à un vote en sa faveur.

À une plus petite échelle, c'est le principe de la poignée de main de l'homme politique : si le président de la République m'a serré la main, j'aurais plus tendance, sans savoir vraiment pourquoi, à voter pour lui aux prochaines élections. Il est devenu, en quelque sorte, un de mes « proches ».

Comme l'a dit un jour quelqu'un, dans une formule qui objective ironiquement la situation : « La main d'un grand homme n'a que cinq doigts. » On ne peut pas être plus éloquent !

Analyser les ressorts de la publicité

La manipulation affective est largement utilisée par les publicitaires qui ne veulent pas s'embarrasser d'une démarche d'information du consommateur ou même avoir simplement à lui donner de bonnes raisons d'acheter tel ou tel produit, ce qui pourrait pourtant être une bonne règle du jeu.

Le principe est simple et largement connu. Il s'agit d'inclure le nom et la représentation du produit dans un message extrêmement séduisant pour l'auditoire, qui le charme ou le choque positivement. Il n'est pas nécessaire que ce message soit en rapport avec le produit, puisqu'on joue ici sur un mécanisme typiquement pavlovien qui consiste à transférer le plaisir ressenti par le message charmeur sur l'image du produit et le rendre ainsi plus attractif.

Nous sommes toujours au cœur du même procédé : hypertrophier l'émotion, associer un stimulus agréable au produit, paralyser l'écoute active pour lui substituer une fascination, vous faire changer, sans véritable bonne raison, votre point de vue.

Les publicitaires recourent à deux ficelles qui seraient déjà usées s'ils n'y mettaient pas une créativité et une intelligence sans pareilles (ce qui ne veut pas dire qu'il n'y a pas aussi des publicités de mauvaise qualité). La première est l'esthétisation du message (on fait appel parfois, dans cet esprit, à des cinéastes de talent), la seconde est le recours à l'érotisme.

Les Grecs anciens connaissaient déjà ce recours à la séduction et à l'érotisme en vue de séduire les juges et d'infléchir leur décision. On raconte dans plusieurs manuels de rhétorique l'histoire de Phryné, maîtresse du sculpteur Praxitèle, qui, traduite en justice, n'hésita pas à utiliser sa plastique (elle était modèle d'Aphrodite, aujourd'hui elle aurait été mannequin) et à se présenter nue devant les jurés, qui, dit-on, l'acquittèrent. C'est ce qu'Aristote appelait « plaider hors de la cause ». Beaucoup de publicités aujourd'hui « plaident en dehors de la cause » pour mieux nous séduire et *provoquer un acte d'achat que nous n'aurions sans doute pas fait sans cela.*

C'est là que le bât blesse en effet. Et malgré ce que certains disent du caractère inefficace et inoffensif de la publicité, on a peine à croire que l'on déploie toute cette énergie sans en obtenir quelques résultats. Le plus difficile à accepter, peut-être, est que ce qui est en partie une entreprise de manipulation est payé par ceux qui en sont victimes. En moyenne, on fait payer en effet à chaque foyer français (deux parents et deux enfants) plus de 150 euros par mois pour financer la publicité [1].

En fait, quand nous regardons distraitement la publicité, nous avons de la peine à imaginer qu'elle puisse nous influencer. C'est quand nous sommes en train de prendre une décision d'achat sur un produit que les choses deviennent sérieuses et que nous sommes subitement plus attentifs. Sur le point d'acheter une nouvelle voiture, par exemple, nous devenons des spectateurs attentifs et *plus facilement manipulables.* L'émotif et l'imaginaire peuvent rapidement prendre le dessus et si, de surcroît, vous rencontrez un vendeur qui va sonder ce que justement la publicité a réveillé en vous, la mauvaise décision n'est pas loin.

Derrière son apparence ludique et attrayante, le monde de la consommation nous place donc régulièrement devant des situations difficiles. On peut cependant

1. Le chiffre peut surprendre. Il part du principe que lorsque nous achetons un produit de consommation, nous payons également la publicité du fabricant pour le promouvoir. Or le budget publicitaire global de la France avoisine les 30 milliards d'euros par an. Il suffit de diviser par le nombre d'habitants.

très bien se défendre contre la publicité sans pour autant fermer son poste de radio ou de télévision ou sans cesser de regarder les affiches dans la rue (cette stratégie d'évitement s'effondre d'ailleurs souvent quand on est à la recherche d'un produit précis).

Il existe de ce point de vue une méthode simple permettant d'objectiver son comportement puis d'avoir une écoute qui déjoue les pièges éventuels (car, encore une fois, toutes les publicités ne sont pas manipulatrices et certaines nous donnent, en toute liberté, de bonnes raisons, *discutables*, d'acheter un produit). La « recette » consiste à se demander, en observant attentivement comment la publicité est construite, ce qu'elle nous dit du produit, s'il y a un lien, et lequel, entre le message et le produit. Nous sommes, là encore, dans une application appropriée du protocole qui lie successivement l'objectivation, l'écoute et l'affirmation.

Une telle observation descriptive du message publicitaire ne nous prive pas de ressentir une émotion réelle devant un spot particulièrement esthétique ou même devant une représentation érotique, mais elle la disjoint du produit et paralyse l'effet de la manipulation qui est de coller l'émotion au produit.

C'est d'ailleurs ce que beaucoup font, dans une sorte d'autodéfense spontanée devant la manipulation publicitaire. On a constaté en effet que de très nombreux auditeurs ou téléspectateurs se souviennent plus facilement des messages agréables qu'ils reçoivent, que des produits dont ils font la promotion... Notre protocole ici ne fait que prolonger et systématiser ce réflexe de défense, acquis dans un monde, il est vrai, saturé d'incitations publicitaires dont le caractère séducteur cache mal, finalement, la véritable violence qu'ils entendent exercer sur nos choix et sur nos personnalités.

« Monsieur, vous êtes un révisionniste ! »

La manipulation ne fait pas appel qu'à des émotions ludiques et agréables. Elle peut aussi faire naître des émotions désagréables pour provoquer une décision de rejet ou construire une image négative d'une idée ou d'une personne. Le débat intellectuel, la polémique médiatique ne sont pas exempts de ce type de procédé violent, souvent mis en œuvre avec culture et intelligence.

Dans le débat public aujourd'hui, il n'est pas rare que, pour disqualifier l'autre, on le traite de « nazi », de « révisionniste » ou de « collaborateur » potentiel. Les exemples, hélas, ne manquent pas (le débat qui s'est déroulé en France en 1999 au moment de la guerre civile au Kosovo a été très « riche » de ce point de vue).

On n'en citera ici qu'un seul, celui d'un débat qui mit aux prises, par journaux interposés, deux intellectuels français, Philippe Meirieu et Alain Finkielkraut, qui s'opposaient, au printemps 2000, dans une discussion sur la place respective de la pédagogie et de la transmission du savoir dans l'éducation scolaire. La discussion devint rapidement violente, chacun cherchant à convaincre l'opinion que le point de vue de l'autre le rapprochait d'un choix idéologique « nazi ». Voici quelques extraits de l'intervention de Philippe Meirieu.

> *« Alain Finkielkraut vient de publier un ouvrage. [...] Il y dénonce l'attitude des "amis inquiétants"*

de la mémoire d'Auschwitz. J'y suis le seul "pédagogue" cité et violemment pris à partie. Ce chapitre se conclut par le paragraphe suivant : "Le noble souci de guérir la culture de ses compromissions ou de ses inclinations barbares conduit ainsi à placer l'universel sous la juridiction exclusive de la rationalité instrumentale, celle-là même qui a été mobilisée pour les usines de la mort et qui a conféré aux crimes administratifs du XXe siècle leur atypique banalité et leur monstruosité sans pareille." En d'autres termes : Philippe Meirieu, la main sur le cœur, prépare de nouveaux Auschwitz. Rien de moins. [...]

« C'est pourquoi, monsieur Finkielkraut, je suis convaincu que vous comprendrez aussi cette question, qui sera, à jamais, ma dernière interrogation à votre égard : "De quelle couleur sera l'étoile dont on affublera demain, si les clercs que vous représentez venaient, par malheur, à nous gouverner, les pédagogues comme moi[1] ?" »

Techniquement, les deux intervenants mettent en œuvre un amalgame. Il s'agit d'un procédé de manipulation qui consiste à mettre ensemble deux points de vue qui n'ont rien à voir, à suggérer qu'il y a entre eux un lien d'association ou de causalité, *qui n'est en fait pas fondé*, pour transférer sur l'un l'opprobre ou la répulsion qu'inspire l'autre. On suscite ainsi une émotion forte dont on déplace l'objet. C'est le même principe que celui que nous avons vu à l'œuvre pour la

1. Philippe Meirieu, « Une odieuse chasse au pédagogue », *Le Monde*, 12 mai 2000.

publicité, mais en quelque sorte inversé, car l'émotion est ici négative.

Il est étonnant de voir, dans cet exemple, comment l'auteur se venge d'avoir été traité ainsi (c'est du moins ce qu'il pense) en appliquant une riposte qui utilise le même procédé (en somme : « Vous m'avez traité de nazi, mais c'est vous qui l'êtes »). L'enjeu est toutefois moins l'attitude des deux participants à ce débat que le public auquel ils s'adressent, censé se forger un jugement à partir de leurs arguments. Or le public, en l'espèce, est l'objet d'une manipulation.

Il n'est pas facile en effet de recevoir un message de quelqu'un que vous estimez intellectuellement, dont vous pensez qu'il va avoir un jugement mesuré et qui vous dit qu'Untel se comporte comme un nazi. Ce n'est pas facile, car l'amalgame joue sur l'émotion et nous pouvons légitimement en ressentir une quand on évoque le nazisme, qui a laissé tant de traces dans la mémoire de beaucoup d'entre nous. On ne joue pas avec ça et toute évocation de cette sombre réalité ne saurait laisser indifférent.

Il est donc très important, quand on entend un propos de ce type, et pour évaluer s'il s'agit d'une manipulation qu'il faut déjouer, de bien se départir de l'émotion que l'on ressent à cette occasion, de ne pas lui laisser tout de suite faire du chemin en soi. C'est là que l'objectivation est une ressource précieuse, surtout si elle s'accompagne d'une écoute attentive.

L'amalgame fonctionne, nous l'avons vu, en suggérant un lien là où il n'y en a pas (l'extrême droite est coutumière de ce type de procédés, par exemple dans des enchaînements comme : « Les problèmes de notre société, l'immigration, la délinquance, les étrangers, le sida, le chômage »). Ce que permet la mise en place d'une écoute descriptive, c'est de voir précisément qu'il n'y a pas de lien là où l'on nous suggère le contraire.

Ce n'est pas évident *a priori*, car le manipulateur, justement, met toute son habileté à dissimuler l'absence de lien. Et l'émotion suscitée est un élément clé de la réussite de cette dissimulation. On voit donc tout l'intérêt d'un protocole de réception qui combine l'objectivation et l'écoute active, afin de garantir que le point de vue qui sera le nôtre à la sortie se sera formé librement.

De la difficulté à se défendre contre la désinformation

À côté de la manipulation « affective », qui fait donc appel à l'émotion pour mieux nous « rouler », une autre famille de procédés violents met en jeu la manipulation « cognitive ». Celle-ci consiste à perturber l'écoute et la réception que l'on a du message, en truquant le raisonnement. Ce que l'on appelle la désinformation est l'exemple central de ce type de procédé. La désinformation est un mensonge calculé dont l'objectif est de construire une information crédible mais qui est totalement fausse (c'est en somme l'alouette de la vérité ouvrant le chemin au cheval du mensonge), dans le but de vous faire prendre la mauvaise décision.

Ce procédé crée une des situations les plus ardues qui soient, car il est très difficile de le déjouer. Ses effets sont violents et peuvent être dévastateurs. Cela explique qu'il soit utilisé – et considéré – comme une « arme de guerre ». Une désinformation réussie peut, dans des situations de conflit, conduire un des protagonistes à prendre une décision qui le mettra en situation de faiblesse et le conduira à avoir de lourdes pertes matérielles et humaines. Les victimes civiles et militaires de la désinformation en temps de guerre se comptent probablement en millions tout au long du XXe siècle.

On se souvient de la manipulation dont les médias s'étaient faits – à leur corps défendant – les porte-parole, pendant la première guerre du Golfe, en 1991 : ils mettaient en scène l'armée irakienne, envahissant brutalement le Koweit (c'était la réalité), et ses soudards qui avaient débranché les couveuses abritant des bébés prématurés à l'hôpital de Koweit City (c'était un montage). Les faits nous ont paru crédibles, car ils correspondaient bien à une certaine vision que nous avions de la situation : *la désinformation nous dit ce que nous attendons* et c'est pour cela que nous y croyons !

Beaucoup d'Anglais ont ainsi cru, lors de la deuxième guerre du Golfe, en 2003, que Saddam Hussein disposait d'armes de destruction massive capables d'atteindre l'Angleterre en « moins de 45 minutes », comme l'affirma le Premier ministre Tony Blair. Là aussi, les faits avaient l'air de « coller » avec la réalité, en tout cas avec l'idée que beaucoup d'Anglais s'en faisaient alors.

L'un des moyens les plus efficaces de lutter contre la désinformation est d'abord de soumettre au doute critique *toute information qui valide trop précisément une hypothèse*, lorsque l'on se trouve dans le cadre d'un conflit ouvert. Il s'agit de bien objectiver sa position et de se dire que, quels que soient les faits, ceux-ci doivent être considérés comme des faits, donc se voir adjoindre des preuves vérifiables. Encore une fois : plus les faits nous confortent dans notre opinion, plus ils doivent être vérifiés. Cela implique d'être particulièrement à l'écoute de soi et de l'effet que les faits font sur nous.

L'une des techniques de la désinformation consiste justement à transformer les faits en évidences, ce qui implique qu'on ne les vérifie pas. C'est donc bien de l'évidence qu'il faut se méfier. L'évidence provoque un sentiment fusionnel qui est une sorte de violence cognitive, paralysant le raisonnement habituel.

Internet est aujourd'hui un excellent support pour la désinformation, du fait de la difficulté à vérifier les faits. L'exemple suivant évoque la mésaventure qu'ont connue quelques internautes décidés à lutter contre le racisme sur le réseau.

À partir de 1999, messages racistes et appels au meurtre inondent Internet à partir de sites comme SOS-Racaille ou Amisraelhai. Quelques mordus d'Internet se sont unis au sein du « Groupe V8 » pour remonter la piste de ces sites.

L'un d'entre eux, Stéphane, est le premier à s'être attaqué, avec succès, à ces sites. La riposte, en forme de désinformation, ne s'est pas fait attendre, sans doute dans le but de le discréditer aux yeux des enquêteurs policiers de l'OCLCTIC (Office central de lutte contre la criminalité liée aux technologies de l'information et de la communication), déjà sceptiques sur le travail de ces « amateurs ».

Le procédé est simple, mais efficace. L'ordinateur de Stéphane s'est mis à envoyer des e-mails, à son nom évidemment, sur des forums d'annonces pédophiles, du style « Bel homme, tendre et câlin, cherche jeunes garçons entre dix et quatorze ans... ». Le résultat ne s'est pas fait attendre : les gendarmes ont débarqué chez lui, le soupçonnant de pédophilie. Plusieurs piliers du Groupe V8 ont été ainsi démolis de cette façon[1].

Comment la manipulation peut vous transformer en tortionnaire

Il est impossible de ne pas évoquer, avant de terminer ce chapitre consacré aux situations difficiles créées par la manipulation, certains cas limites, car ils nous apprennent beaucoup. Ceux qui travaillent sur la communication et la manipulation connaissent bien l'expérience, extraordinairement troublante et dramatique, dite de Milgram.

Stanley Milgram est un chercheur américain qui voulait savoir si, et comment, on pouvait « convaincre » (en les manipulant, bien sûr, car la plupart n'auraient jamais fait cela de leur plein gré) des gens comme vous et moi de faire souffrir et de torturer brutalement leur semblable. Il a construit à cet effet un dispositif expérimental[2].

Dans l'expérience de Milgram, on recrute des « cobayes » par voie de presse en leur annonçant

---

1. Voir « La victoire d'une poignée de cyberjusticiers contre des sites racistes », *Le Monde*, 2 octobre 2003 ; et « Traquer les caméléons du Net », *Libération*, 29 octobre 2003.

2. Stanley MILGRAM, *Soumission à l'autorité*, Calmann-Lévy, Paris, 1974.

qu'ils vont participer à une évaluation scientifique, conduite par un laboratoire universitaire, sur la « capacité de mémorisation ». À chacun d'eux, on explique qu'il doit vérifier qu'un autre cobaye (il s'agit en réalité d'un comédien, « complice » de l'expérience) mémorise bien des listes de noms et d'objets qu'il va lui proposer.

Quand ce dernier n'y arrive pas – et c'est de plus en plus le cas –, la personne recrutée doit lui envoyer des décharges électriques de plus en plus fortes. Le comédien simule de façon très ostensible une douleur croissante et, passé un certain stade, demande que l'on arrête l'expérience. Il va simuler la douleur jusqu'au stade de la perte de conscience.

Le véritable but de l'expérience est évidemment de savoir jusqu'où, en les manipulant (ici en faisant appel à la pression de l'autorité « scientifique »), des personnes ordinaires sont capables de torturer leur prochain. Les résultats incitent au pessimisme, car peu résistent à la manipulation. Mais le plus intéressant pour nous est de savoir pourquoi et comment résiste la minorité de ceux qui refusent d'aller plus loin dans l'expérience. Ils affrontent en effet une situation difficile : la pression qu'ils subissent est forte et les incite à faire des choses qu'ils désapprouvent ; et pourtant, ils trouvent le ressort pour argumenter et dire non.

Certaines scènes ayant été filmées, nous apprenons à cette occasion des choses précieuses. Un homme, par exemple, refuse d'envoyer des décharges électriques dès que la souffrance apparaît chez l'autre. On le soumet alors à de multiples pressions, on le menace, mais celui-ci n'en démord pas et oppose toujours le même argument : « On ne fait pas ça à quelqu'un. » *Cet homme affirme clairement son point de vue et s'y tient*, là où les autres, sous le coup de l'émotion provoquée et entretenue par l'autorité « scientifique », disent trouver normal que l'on punisse ainsi les échecs, sans y prendre d'ailleurs forcément du plaisir (certains s'excusent même auprès de celui qu'ils torturent).

La même question, dans un contexte infiniment plus tragique, s'est posée aux jeunes militaires français plongés dans la guerre d'indépendance algérienne, dans les années 1950 : certains d'entre eux ont toujours refusé, quelles que soient les circonstances, de torturer leurs prisonniers. Sur quoi ont-ils pris appui pour refuser ce comportement « banalisé » ? (On l'a dit, un des motifs essentiels des brutalités et des tortures que beaucoup faisaient subir était le désir de vengeance qu'ils éprouvaient, suite à des atrocités dont ils avaient été témoins – cela revient de façon récurrente dans beaucoup de témoignages.) À cela s'ajoutaient la pression du groupe et, parfois, celle des autorités. Comment imaginer situation plus difficile !

Celui qui a su résister a d'abord commencé par disjoindre l'émotion ressentie, comme tout le monde, à cette occasion, et la nature de sa réaction en retour. Cela permet de mettre en place une procédure de renoncement à la vengeance. L'affirmation du point de vue selon lequel « on ne fait pas ça à un être humain », *quoi qu'il ait fait par ailleurs*, consolide la capacité, dans cette situation particulièrement difficile, à renoncer à s'infliger à soi-même, en se transformant en tortionnaire, une violence qui structurera toute la personnalité ultérieure (il faudra bien un jour faire le bilan de ce qu'un rapport spécifiquement français à la violence, sociale et politique, doit à l'accumulation et à la convergence de ces violences que tant de soldats et d'officiers, entre 1954 et 1962, se sont infligées à eux-mêmes en les infligeant aux autres).

On voit donc que la manipulation, sous les diverses formes qu'elle emprunte, convoque une solide capacité de résistance chez ceux qui veulent s'y opposer. Connaître les procédés de manipulation permet de mieux les identifier et surtout de tenter d'objectiver l'effet d'influence qu'elle produit. La manipulation vient toujours nous chercher sur une faiblesse, une ambivalence initiale, qui nous empêche d'affirmer aussi nettement que nous le voudrions notre point de vue. Elle paralyse notre écoute et la transforme d'active en passive.

En somme, curieusement, les procédés de manipulation sont *l'inverse, le contrepoint exact des techniques qui permettent de se sortir des situations difficiles*. Elles cherchent à nous paralyser, à nous tétaniser, pour nous empêcher de sortir du trou où elles nous ont jetés. Mais, ce faisant, elles nous désignent ce qu'il faut faire pour les déjouer, se départir de l'émotion, refuser de considérer les faits comme des évidences, garder son quant-à-soi, être à l'écoute de soi pour déterminer clairement ce que l'on veut, regarder avec la distance et le recul nécessaires ce que l'autre nous propose.

6

Résister à une situation d'agression physique

Nous voilà maintenant, dans ce dernier chapitre, face aux situations les plus difficiles qui soient. La violence dont elles sont porteuses est extrême. L'agression physique est le plus souvent une négation de celui qui en est victime. En même temps, elle est affirmation du pouvoir de l'agresseur. Souvent, la violence n'a d'autre objet que de permettre l'exercice d'un pouvoir sur quelqu'un de plus faible, ou qui est dans une situation provisoire de faiblesse. C'est de cette réalité qu'il nous faut partir pour trouver des ressources appropriées afin de s'en sortir au mieux.

Ceux qui ont rencontré cette situation savent la peur, voire la terreur, qu'elle suscite, avec souvent la paralysie de la volonté qui l'accompagne. De ce point de vue, on ne peut jeter la pierre à personne. Il n'y a pas de héros face à la violence, et la peur, l'angoisse, même quand on a la réaction appropriée, accompagnent chaque geste et chaque parole. La probabilité que l'on n'arrive pas à sortir de la situation est, hélas, élevée.

Peut-on, malgré tout, argumenter face à une agression ? Peut-on se sortir du mauvais pas où on se trouve quand un petit voleur vous menace dans la rue ? Peut-on s'en tirer lorsque, seule dans un parking souterrain, on voit un homme vous guetter ? Et enfin que se passe-t-il dans cette situation terrible – il y a infiniment peu de chances qu'aucun lecteur de ce livre la rencontre jamais, heureusement – où l'on se trouve face à ce que l'on appelle un « tueur en série » ?

« Non, vous ne m'emmènerez pas ! »

Commençons par une petite histoire dont j'ai été le témoin actif lors d'un travail de recherche sur les compétences des policiers à maîtriser des situations difficiles.

Lors d'un chaud après-midi de juillet, une équipe de Police-Secours est envoyée dans une cité de banlieue pour amener au commissariat un simple témoin dans une affaire de viol. Celui-ci est buraliste et les policiers vont le chercher à son magasin, où il est en train de servir les clients. Les policiers ne savent pas exactement de quelle affaire il s'agit (ils ne le sauront que plus tard), mais la consigne qui leur a été donnée par la hiérarchie est claire : amener le buraliste au commissariat, « de gré ou de force ».

Or celui-ci refuse et résiste. Les clients s'assemblent et grondent. Les policiers, progressivement entourés par une foule hostile et menaçante, demandent des renforts et décident de surseoir provisoirement à l'intervention jusqu'à l'arrivée de leurs collègues. Mais voilà que, dans la foule, une femme d'un certain âge, calme et totalement déterminée, s'adresse d'une voix forte au brigadier qui commande l'équipe. Très curieusement, elle lui dit plusieurs fois : « Non, vous ne m'emmènerez pas ! »

À ce moment précis, le sang du brigadier ne semble faire qu'un tour et il lui répond du tac au tac : « Vous allez voir si je ne vais pas vous emmener ! » Et il se jette sur elle avec ses hommes. La pagaille qui s'ensuit a été une des pires de la saison : les bouteilles vides se sont mises à voler, les coups à pleuvoir et les renforts arrivés enfin sur les lieux ont dû dégager leurs collègues avec une grande fermeté.

Mais ces derniers n'ont pas oublié d'embarquer de force la femme impertinente. Bilan : plusieurs blessés légers (dont le brigadier, qui avait la chemise tachée de sang), le buraliste n'a pas été amené au commissariat, et en plus une plainte a été déposée devant un juge par la femme, qui s'est révélée être l'épouse du buraliste, pour interpellation injustifiée et de présumés mauvais traitements subis dans le car de police pendant son transfert.

L'analyse de cette intervention simple qui se transforme en cauchemar est facile à faire *a posteriori*. La femme du buraliste, pour des raisons qui restent à déterminer, a sciemment détourné l'intervention policière de son objectif initial, afin que le mari ne soit pas embarqué. Elle s'y est prise de façon efficace, en provoquant artificiellement une montée d'émotion chez le policier qui était jusque-là assez calme et professionnel. Ce « Non, vous ne m'emmènerez pas » a sonné comme un appel émotif qui a littéralement fasciné le brigadier.

Comment provoquer une bavure policière

Notre protocole lui aurait été bien utile ici ! Cela lui aurait évité de tomber dans un piège grossier, une sorte de manipulation dont l'objectif était *de détourner l'attention de la mission initiale et de provoquer volontairement une agression policière injustifiée*. La phrase de cette femme s'est transformée en une sorte d'injonction à laquelle le policier n'a pas pu résister. S'il avait observé la situation de façon descriptive, avec sang-froid, il n'aurait même pas prêté attention à ces propos, mais ceux-ci se sont, pour lui, comme détachés de la foule et il n'a plus entendu que cela. En somme, sous le coup d'une émotion incontrôlée, il lui a obéi...

Pour la petite histoire, rentré au poste, le brigadier, dont la chemise était couverte du sang d'une petite blessure provoquée dans la mêlée par une griffure, semblait plus craindre la réaction de son épouse le soir (encore une chemise tachée !) que celle du juge qui allait pourtant instruire la plainte de la femme du buraliste avec beaucoup de célérité, l'affaire ne lui paraissant pas claire.

Le psychologue américain Paul Watzlawick met en scène une situation similaire, dont le dénouement fut très différent : cette fois, le policier a prononcé tout haut une parole descriptive de la situation, qui a eu l'effet d'objectiver la situation aux yeux des agresseurs, et peut-être de lui donner toutes les ressources pour lutter lui-même contre la panique :

> *Un officier de police, qui avait un talent particulier pour dénouer des situations épineuses [...], était en train de dresser une contravention pour une*

infraction mineure au code de la route, lorsqu'une foule hostile commença à se rassembler autour de lui. Pendant le temps qu'il lui fallut pour dresser son procès-verbal, la foule était devenue menaçante et il ne savait pas s'il parviendrait à regagner la relative sécurité de sa voiture de service. Il eut l'idée d'annoncer d'une voix forte : « Vous venez d'assister à l'établissement d'une contravention par l'un des membres de la police de la ville d'Oakland. » Et tandis que les spectateurs cherchaient à déterminer le sens profond de ces paroles trop évidentes, il parvint à sa voiture et partit[1].

Une situation d'agression correspond toujours à une libération inappropriée de l'émotion, qui paralyse l'observation, l'écoute et les capacités d'argumentation. L'exemple de l'intervention policière qui tourne à la bavure nous montre comment certains arrivent à provoquer une agression presque sur commande. L'essentiel des situations d'agression obéit bien sûr à une logique inverse. On cherche plutôt à les éviter et à s'en sortir, mais le principe est le même : comment faire pour calmer le jeu, remettre de l'écoute, ouvrir la voie à l'argumentation, c'est-à-dire au dialogue et à la défense de son point de vue ?

1. Paul WATZLAWICK, John WEAKLAND, Richard FISCH, *Changements, paradoxes et psychothérapie*, Seuil, Paris, 1975.

Face à la violence conjugale

On sait qu'une des situations les plus répandues de violence est celle qui se déroule à l'intérieur du couple, et que la police appelle « différend familial ». En France, on estime que plus d'une femme sur dix est victime de violences diverses de la part de son conjoint, allant des coups jusqu'à, parfois, la torture et au meurtre. Le problème de la violence conjugale, c'est qu'il y a en général de l'amour ou au moins un fort attachement. C'est ce qui fait l'extrême difficulté de la situation, car les ressources de l'objectivation butent sur un fort et légitime contexte émotionnel.

Le magazine *Paris Match*, en publiant, en septembre 2003, la photo choc du chanteur Bertrand Cantat et de la comédienne Marie Trintignant, quelques heures avant la mort de cette dernière, où le couple offre le spectacle d'un amour tendre et complice, illustre bien la difficulté. Il est évidemment beaucoup plus facile d'objectiver une situation dans laquelle on n'est impliqué que circonstanciellement (comme une agression par quelqu'un que l'on ne connaît pas) qu'au sein d'une relation suivie, lourdement chargée de sentiments.

Cela explique sans doute que le seul véritable conseil que l'on puisse donner à une femme qui est frappée par son conjoint est *de s'en aller tout de suite, dès la première violence*, ou encore, ce qui est évidemment préférable, d'obtenir que lui s'en aille. Cela demande une grande force, car on doit alors lutter contre son propre attachement. Mais cette action a l'immense mérite de créer une situation dans laquelle l'objectivation est possible. Elle offre l'opportunité d'une analyse calme des faits, d'une description rétrospective de la situation, d'une meilleure écoute. Elle ouvre la voie à un dialogue éventuel sur la base de ce que l'on veut, soi.

Comme l'exprime très justement Brigitte, témoignant devant le tribunal, qui juge son mari parce que celui-ci l'a frappée : « Je regrette d'en être là... Il n'y a pas beaucoup de dialogue entre nous, ça dépend du sujet de conversation, mais moi, j'ai besoin de beaucoup d'explications alors qu'il ne parle pas. J'espère que cela va s'arranger avec le temps. »

La présidente du tribunal lui fait remarquer que son mari est violent, mais Brigitte, comme c'est souvent le cas, s'accuse alors elle-même : « J'ai aussi une part de responsabilité[1]*. »*

Quitter, même provisoirement, la vie commune dès la première violence permet justement de lutter contre cette autoculpabilité que ressentent beaucoup de femmes battues, et de se rendre compte calmement que c'est souvent bien de l'autre, du conjoint violent, qu'il s'agit.

Partir dès la première violence conjugale débouche sur deux options : on se rend compte (car le recul pris le permet) que, malgré tout l'amour porté, le conjoint ne saura pas se débarrasser si vite de cette violence qui est en lui et dont plusieurs signes que l'on n'avait pas vus jusque-là étaient déjà présents (la description sert précisément à voir cela) ; ou alors qu'un dialogue est possible et que son propre point de vue (cela ne doit

1. Audience du tribunal correctionnel de Saint-Malo, jeudi 11 septembre 2003.

jamais recommencer) peut être argumenté et entendu par l'autre.

Le choix du départ provisoire constitue en outre une formidable opportunité pour l'autre d'objectiver à son tour sa situation et de prendre conscience. La violence est souvent la recherche – et l'acceptation – d'une *fusion dissymétrique* au sein d'un rapport de forces inégal. Le départ crée les conditions potentielles d'un rapport plus symétrique. Mais il faut savoir que la séparation place l'agresseur à son tour dans une situation difficile, qui peut augmenter son niveau de violence et susciter chez lui une pulsion de vengeance (un surcroît de violence est parfois enregistré à cette occasion). C'est pourquoi l'aide et l'assistance de tiers, notamment des associations spécialisées qui peuvent offrir protection, soutien et médiation, sont souvent indispensables.

L'instauration d'un rapport plus symétrique n'est donc pas toujours le bout du tunnel. Le mari de Brigitte, déjà peu enclin au dialogue dans sa vie de couple, risque de ne pas comprendre la nécessité de repartir sur de nouvelles bases. À la présidente du tribunal qui le condamne, entre autres, à une obligation de soins, il fait ce jour-là cette réponse qui inspire le pessimisme : « Me soigner de quoi ? » Cette réaction spontanée semble indiquer que, de bonne foi, il ne comprend pas que sa violence en est bien une.

Le fait que la personne qui agresse ne se rende pas compte de la violence qu'elle exerce et de ses conséquences complique considérablement les choses, car il va être difficile – pratiquement impossible sans un soutien extérieur – de lui faire prendre conscience de la réalité. Dans ce type de situation, l'objectivation que permet la séparation, l'écoute qui aide à comprendre que la symétrie dans le couple ne se rétablira pas de sitôt, et l'affirmation claire que cela ne doit pas se reproduire conduisent normalement à la conclusion que la relation doit cesser.

Résister au harcèlement moral

La violence n'est pas uniquement physique, même si elle l'est pour beaucoup. Par exemple, les faits signalés traités par les services d'Aide sociale à l'enfance des conseils généraux, faits concernant de mauvais traitements en direction d'enfants, font apparaître 33 % d'abus sexuels, 32 % de violences physiques, 26 % de négligences lourdes et 9 % de violences dites « psychologiques »[1]. Mais la violence « psychologique » ou le « harcèlement moral » n'en sont pas moins des actes d'une extrême brutalité, destructeurs à terme de l'identité et de la personnalité. Ils sont l'équivalent moral de la violence physique, avec des conséquences souvent similaires pour la victime.

Nos sociétés ayant criminalisé la violence physique, on peut se demander si une partie de la pulsion violente de nombreuses personnes ne s'est pas reportée sur des formes de violences plus subtiles et plus sournoises, qui laissent en tout cas moins de traces visibles sur les corps. Même si le harcèlement moral est aujourd'hui en partie considéré comme un délit, celui-ci reste difficile à établir. De plus, on a parfois tendance à le considérer comme moins grave.

---

1. Pour en savoir plus : <http ://www.fondation-enfance.org>

La psychanalyste Marie-France Hirigoyen a montré, à l'aide de nombreux exemples, comment le harcèlement conduit à la destruction de l'autre, grâce à plusieurs procédés comme la séduction perverse, le mensonge, le refus de la communication directe, la déformation du langage, le sarcasme, la dérision et le mépris et enfin la disqualification de l'autre [1]. Il s'agit d'une véritable agression, dont les conséquences peuvent être désastreuses. Ceux qui harcèlent le font par goût pervers du pouvoir et pour éprouver la jouissance à utiliser l'autre comme un objet en prenant appui sur ses faiblesses, mais cette perversion peut également être utilisée pour se débarrasser des gens, par exemple les pousser à la démission dans une entreprise.

D'après cet auteur, on ne peut commencer à se défendre contre le harcèlement que quand on est sorti de l'emprise du harceleur et que l'on accepte l'idée, quels que soient les sentiments qu'on lui porte, que son action est dangereuse pour soi. Ce sont donc toutes les ressources de l'objectivation, de l'écoute intérieure et de l'affirmation de son point de vue qui doivent être convoquées dans cette situation particulièrement difficile :

– mettre de côté les sentiments que l'on éprouve pour la personne ;

– identifier clairement les effets produits par cette forme perverse de communication ;

– défendre fermement son point de vue.

La différence avec d'autres situations est qu'ici l'essentiel est de se préserver sans chercher à changer

1. Marie-France Hirigoyen, *Le Harcèlement moral*, La Découverte, Paris, 2003.

l'autre, l'agresseur, au moins dans un premier temps. L'urgence est de sortir du cadre, de la situation d'emprise. Le meilleur atout est de connaître les techniques du harcèlement pour être capable de décrire la situation que l'on vit à partir de cette grille d'analyse. Là est le meilleur point de départ de l'objectivation.

« File ton blé ou je te crève »

L'argumentation est-elle toujours possible avec ceux qui font le choix de la violence ? Dans *Les Misérables*, Victor Hugo nous raconte une scène étonnante (il s'agit de fiction, bien sûr, mais celle-ci sonne juste) où Jean Valjean s'emploie à convaincre un jeune voleur de renoncer à sa vocation. Ce dernier, dont le surnom est Montparnasse, l'a attaqué brutalement, par-derrière, pour le dépouiller, mais Jean Valjean, bien qu'âgé, réussit à la maîtriser. Tout en contenant la violence de son jeune agresseur, et en l'empêchant de partir, il lui sert alors une véritable argumentation :

« Quel âge as-tu ?

— Dix-neuf ans.

— Tu es fort et bien portant. Pourquoi ne travailles-tu pas ?

— Ça m'ennuie.

— Quel est ton état ?

— ...

— Parle sérieusement. Peut-on faire quelque chose pour toi ? Qu'est-ce que tu veux être ?

— Voleur. »

Il y eut un silence. Le vieillard semblait profondément pensif. Il était immobile et ne lâchait point Montparnasse. De moment en moment, le jeune bandit, vigoureux et leste, avait des soubresauts de bête prise au piège... La rêverie du vieillard dura quelque temps, puis, regardant fixement Montparnasse, il éleva doucement la voix, et lui adressa, dans cette ombre où ils étaient, une sorte d'allocution solennelle. [...]

« Tu ne veux pas être ouvrier, tu seras esclave. Le travail ne vous lâche d'un côté que pour vous reprendre de l'autre ; tu ne veux pas être son ami, tu seras son nègre. Ah ! Tu n'as pas voulu de la lassitude honnête des hommes, tu vas avoir la sueur des damnés. Les autres chantent, tu râleras. Tu verras de loin, d'en bas, les autres hommes travailler, il te semblera qu'ils se reposent. Le laboureur, le moissonneur, le matelot, le forgeron apparaîtront dans la lumière comme les bienheureux d'un paradis... Ah ! Ne rien faire, c'était là ton but. Eh bien ! Pas une semaine, pas une journée, pas une heure sans accablement... Ah ! mon pauvre enfant, tu fais fausse route, la fainéantise te conseille mal ; le plus rude des travaux, c'est le vol. Crois-moi, n'entreprends pas cette pénible besogne d'être un paresseux. Devenir un coquin, ce n'est pas commode. Il est moins malaisé d'être honnête homme. Va maintenant, et pense à ce que je t'ai dit. À propos, que voulais-tu de moi ? Ma bourse. La voici... »

Tout cela dit et fait, le bonhomme tourna le dos et reprit tranquillement sa promenade.

« Ganache ! », murmura Montparnasse...

Montparnasse, stupéfait, le regarda disparaître dans le crépuscule.

Montparnasse songea pour la première fois de sa vie[1].

La situation, littéraire, est évidemment idéale, mais non dénuée d'un certain réalisme. Jean Valjean contraint l'autre à la fois à objectiver son émotion (en exerçant une force, mais pas plus que nécessaire) et à écouter, malgré tout, ce qu'il lui dit. Alors il peut tenter de le convaincre de ne plus être voleur. Comment a-t-il construit son argumentation ? Non pas en lui expliquant que « voler est malhonnête », ce qui n'aurait convaincu que Jean Valjean lui-même, mais *en cherchant d'abord, par le questionnement et l'écoute*, pourquoi Montparnasse voulait être un voleur. Il va ensuite mettre en contradiction les raisons que Montparnasse avance – « ne pas travailler » – avec l'obligation dans laquelle il sera malgré tout de le faire, en pire, une fois qu'il sera en prison et au bagne. Cet argument-là, au moins, risque de trouver un écho chez le jeune voleur. On ne convainc jamais avec les raisons qui nous ont convaincus nous.

Seule dans un parking souterrain

Ce qui suit ne relève pas du conseil, encore moins du modèle à suivre. La caractéristique des situations difficiles est qu'elles sont toutes particulières et qu'il n'y a pas de recette à suivre. Cela est particulièrement

1. Victor Hugo, *Les Misérables*, livre quatrième, II.

vrai pour ce cas de figure que beaucoup de femmes craignent, même si, dans la réalité, il se produit finalement assez rarement.

Françoise a laissé sa voiture dans un parking souterrain. Il n'y avait pas de place au premier sous-sol et elle a été obligée de descendre plus profondément, au troisième sous-sol, là où il y a beaucoup moins de monde. Mais celui-ci est évidemment très isolé. Le gardien est au rez-de-chaussée, c'est-à-dire quatre étages plus haut. Françoise n'avait pas le choix, car elle était déjà en retard à son rendez-vous et n'avait plus le temps de tourner pour trouver une place.

Le rendez-vous s'est prolongé et elle est sortie tard. À cette heure-là, il n'y a plus grand monde dans le parking. L'endroit n'est éclairé que faiblement. À la sortie de l'ascenseur, Françoise se souvient que sa voiture est à l'autre bout et qu'il lui faut traverser tout l'étage, maintenant à peu près désert. Elle prend son courage à deux mains et se dirige vers sa voiture d'un pas décidé.

Soudain, derrière un pilier, devant elle, une ombre se dégage, puis, plus précisément, une silhouette masculine. L'homme ne bouge pas et reste debout entre le pilier et une des dernières voitures qui restent. Puis il la regarde et se met doucement en marche vers elle.

On peut imaginer facilement qu'une sorte de panique s'empare de Françoise. La probabilité qu'elle ait à affronter une situation difficile devient pour elle extrêmement élevée. Les attaques de femmes seules dans les parkings sont, hélas, une réalité et il ne manque pas de prédateurs pour profiter de l'éventuelle vulnérabilité d'une personne moins forte physiquement. La situation donne même parfois à certains des idées qu'ils n'auraient pas eues spontanément.

En l'occurrence, Françoise ne peut pas savoir si la personne qu'elle voit a l'intention, ou non, de l'agresser. Il peut s'agir d'un automobiliste qui vient d'arriver et qui se dirige tout simplement vers l'ascenseur qui est justement derrière elle. Il peut aussi s'agir de quelqu'un de malintentionné, qui guettait une occasion depuis un certain temps et cherchait une opportunité pour voler quelqu'un, l'agresser ou pire encore.

Quoi qu'il en soit, à ce moment précis, la panique la guette et la peur est déjà là. La peur non maîtrisée est la plus mauvaise conseillère qui soit. Elle fait faire à peu près n'importe quoi et, souvent, l'inverse de ce qu'il faut faire. Donc, dans tous les cas, la première chose à faire est de tenter d'*objectiver son émotion.* Facile à dire ! Nous avons vu jusqu'à présent qu'il y a quand même quelques ressources dans ce domaine et qui toutes ont à voir avec la mise en œuvre d'une observation, d'une description.

Observer l'agresseur potentiel

Deux descriptions sont possibles ici : la première consiste, sans bien sûr la fixer, à observer scrupuleusement la personne, à faire en soi-même la liste de ce que l'on voit. Il est grand, blond, avec une mèche sur le front, un visage très rond. Il porte un survêtement blanc cassé avec des bandes bleues le long du pantalon et des chaussures de sport orange.

Faire cette liste comporte deux avantages. D'abord, comme nous l'avons vu, cela permet de mettre à distance son émotion et sa peur. Elle ne disparaît pas, simplement on la déplace dans un endroit de soi où elle gêne moins ; et où elle peut même servir comme un moteur pour l'action. Le second avantage est que la personne, même si votre regard n'est pas appuyé, voit que vous l'observez *et que vous saurez donc éventuellement la reconnaître*. Combien de victimes en fuite – qui ont donc tourné le dos – n'ont pas vu leur agresseur et sont incapables de le décrire, ce qui les arrange bien.

Lorsque l'on met en œuvre une telle description, la personne en face voit bien que vous n'avez pas peur, du moins que ce n'est pas la peur qui vous dirige. Vous n'avez donc plus l'air si vulnérable. Et dans le cas, malgré tout probable, où la personne n'était pas du tout un agresseur potentiel, cela ne dérange personne d'être ainsi observé, surtout, encore une fois, si le regard est relativement discret.

La seconde description que l'on peut mettre en œuvre simultanément dans ce type de situation est la revue rapide des options dont on dispose : qu'est-ce que je fais si cela se gâte ? Imaginons que les signes se précisent (ils me sont fournis par la description que je suis en train de me faire de l'autre : par exemple, sa trajectoire va bientôt croiser la mienne) et que la probabilité qu'il soit un agresseur potentiel augmente au-delà du seuil du raisonnable : toutes les options devraient être examinées.

La première, ici, est la fuite. Ce choix est guidé par la peur. Dans cette situation précise, fuir est la plus mauvaise solution. *A minima*, la personne n'était pas un agresseur et vous placez tout le monde dans la situation la plus ridicule et la plus embarrassante qui soit. C'est un moindre mal, mais quand même. *A maxima*, si l'agresseur en est bien un, vous perdez plusieurs avantages. D'abord vous réveillez en lui l'instinct du chasseur et vous risquez de décupler ses forces d'autant. Ensuite, vous ne le voyez plus et perdez tous les bénéfices de la description et de l'observation. Enfin, et surtout, vous n'augmentez guère vos chances de sortir de la situation. Il court probablement plus vite et une personne en fuite peut beaucoup moins facilement se défendre.

La deuxième option possible est l'attaque physique. De nombreuses associations d'autodéfense féminine ont comme finalité d'apprendre aux femmes, en prévision justement de ce type de situation, comment se défendre par l'attaque physique. On s'y familiarise avec certaines techniques de combat. On conseille même d'utiliser cette sorte de porte-clés qui permet de frapper un adversaire et de le blesser au visage, ou encore des aérosols dont le gaz paralyse provisoirement. La violence est une option, et elle est tout à fait envisageable car il s'agit de « légitime défense ». Avec un peu de chance et d'entraînement, on peut espérer vaincre physiquement un agresseur. Pourquoi pas ? Mais le choix de la violence comporte toujours une grande part d'indétermination.

Dans notre situation, l'attaque doit être préventive, sinon, on perd l'immense avantage de la surprise qui compense souvent l'infériorité physique. Il y a un risque à attaquer préventivement quelqu'un qui n'est malgré tout qu'un agresseur *potentiel*. Peut-être est-ce lui alors qui va voir en vous l'agresseur. L'imbroglio juridique n'est pas loin.

Il y a une troisième option, même si ce n'est pas celle qui vient spontanément à l'esprit, et qu'elle peut paraître, dans un premier temps, assez irrationnelle. Ce choix mobilise précisément l'écoute et l'affirmation argumentée d'un point de vue, outre, bien sûr, l'objectivation initiale.

L'homme continue à se diriger vers Françoise. Celle-ci l'a rapidement mais intensément observé et elle est capable de le décrire. Son visage est indéchiffrable : est-il distrait et pense-t-il à autre chose, ou cache-t-il ses intentions derrière un masque impénétrable ? Mais il se dirige droit sur elle et leurs chemins vont se croiser. Il n'y a absolument personne d'autre dans ce parking et tout est silencieux.

Françoise a peur, mais elle sent en même temps un étrange calme la gagner. Au moins elle pourra donner un signalement précis. Elle décide alors de ne pas fuir et de garder la riposte violente comme ultime recours (mais elle se doute bien qu'elle n'aura pas physiquement le dessus). Elle change alors légèrement sa trajectoire et se dirige maintenant droit sur l'homme qui n'est plus qu'à quelques mètres. Elle s'adresse alors à lui : « Bonjour, excusez-moi, mais voilà, je suis un peu ennuyée, je suis seule dans ce parking et je ne me sens pas tellement tranquille. »

Elle s'interrompt un instant, pour écouter l'autre, qui, surpris, ne dit rien. Françoise continue alors :

« Accepteriez-vous de m'accompagner à ma voiture qui est à l'autre bout de l'étage ? » Il est clair, à son allure et à son ton, qu'il ne s'agit évidemment pas d'une proposition équivoque.

Françoise sait qu'à cet instant précis, trois scénarios peuvent s'enclencher. Dans le premier, l'homme simplement rêveur, ou qui, maladroitement, ne voulait pas la regarder pour ne pas la gêner, lui répond aimablement et la raccompagne à sa voiture. Ils bavardent poliment en route. Fin de la situation. Dans le deuxième scénario, l'homme avait bien l'intention de l'agresser et il était là pour ça. Il est surpris, mais aussi flatté par cette demande de protection. Si bizarre que cela puisse paraître, beaucoup de « voyous » acceptent facilement ce transfert. *C'est que leur force et leur puissance ne sont pas mises en cause*, car on leur en propose simplement une autre application (j'ai même vu personnellement, dans une situation comparable, certains d'entre eux, à la fin d'une séquence d'agression qui s'est transformée en protection, dire avec sincérité quelque chose comme : « Vous savez ce que j'avais l'intention de vous faire, ç'aurait été dommage, je suis vraiment stupide... ») !

L'homme la raccompagne. Françoise tremble intérieurement de peur tout au long des quelques dizaines de mètres qui la séparent de sa voiture. La situation reste en effet malgré tout instable, car l'homme a encore en lui l'idée de l'agression. Il lui dit des choses bizarres en l'accompagnant et on sent qu'il y a de la violence latente. Mais quelques mots appropriés à la situation la maintiennent en équilibre jusqu'au bout (« Heureusement que vous étiez là... »). Le plus dur a été, une fois dans sa voiture et après avoir dit enfin au revoir, de ne pas appuyer bêtement sur l'accélérateur et de partir en trombe. Elle est partie calmement et l'autre lui a même fait un signe de la main, de loin.

S'adresser ainsi à un agresseur potentiel, avant même qu'il vous ait agressé, peut sembler déraisonnable. Mais c'est la peur qui déforme ici la perception des choses, car s'il n'avait pas l'intention de vous agresser, vous ne risquez rien, et s'il avait cette intention, *il l'aurait fait de toute façon*. C'est la croyance au miracle et aux effets de l'inertie qui paralyse ici l'action. Et puisqu'il agresserait de toute façon, alors pourquoi ne pas essayer de lui parler ? Tout ce que l'on risque, c'est qu'arrive ce qui devait arriver.

N'oublions pas le troisième scénario. Il est loin d'être improbable. Malgré cette demande étrange dans le contexte, l'homme maintient son projet d'agression et se montre sans équivoque extrêmement menaçant. L'affaire est grave, mais pas désespérée. L'autre n'a peut-être pas entendu que vous vous adressiez à sa force et à sa puissance. Il faut le lui rappeler en termes certes un peu humiliants, mais explicites et directs. Le tout est évidemment que cela ne soit pas interprété comme un signe de soumission, ce qui risquerait d'amplifier le désir d'agression. Il faut toujours affirmer son point de vue, tout en écoutant l'autre.

Mais c'est le deuxième scénario qui s'est déroulé ici. Françoise a bien mobilisé, sans se les formuler ainsi d'ailleurs, les trois ressources dont nous commençons à voir que ses vertus s'appliquent aussi aux situations les plus difficiles : l'objectivation (qui est ici une condition véritablement *sine qua non*), l'écoute, qui permet de comprendre qu'il s'agit d'une question de pouvoir et aussi de s'assurer que l'autre a bien compris que vous vous adressiez à sa force, et surtout l'affirmation argumentée de votre point de vue. On remarquera qu'il n'y a aucune ruse, aucune manipulation, et que la franchise et la vérité sont de précieux atouts : lorsque Françoise dit qu'« elle ne se sent pas tranquille », la personne en face d'elle n'a aucune raison de douter de cette parole...

Les Espagnols ne sont-ils plus des hommes galants ?

C'est le même scénario que reproduit le film de Jacques Feyder, *La Kermesse héroïque* (1935).

Pendant la guerre des Flandres, en 1668, l'armée espagnole se comporte de façon brutale – comme toutes les armées en campagne de l'époque. Ses soldats pillent, tuent et violent dans chacun des villages qu'ils conquièrent. Les habitants d'un des villages menacés réfléchissent à une stratégie qui leur permettrait d'éviter cette agression. Pas question de résister par la force, car les hommes sont inexpérimentés et bien inférieurs en nombre.

Ce sont les femmes qui finalement décideront quoi faire. Les hommes vont se cacher dans les bois et les femmes, l'épouse du maire en tête, forment une délégation qui va au-devant de l'armée espagnole, chacune s'étant habillée sur son trente et un. Les soldats sont surpris, car d'habitude ils suscitent la crainte et tout le monde, surtout les femmes seules, fuit devant eux. L'épouse du maire demande à ren-

contrer le chef de la troupe. Les soldats ne leur font donc rien en attendant la suite des événements.

Lorsque le chef de la troupe arrive, celle qui conduit la délégation lui dit en substance que les hommes du village sont partis, les laissant sans défense. Elles craignent donc pour leur sécurité en des temps si troublés. Elles ont entendu dire que les Espagnols avaient la réputation d'être des hommes galants et elles se mettaient donc sous leur protection. Le chef de la troupe répond alors avec une allure martiale que « tant qu'il serait là, lui et ses hommes, il ne leur arriverait rien ». La troupe fut conduite au village et reçue cordialement. Ils y restèrent quelques jours, en payant leurs dépenses, avant de repartir piller d'autres villages...

La leçon de cette fable réaliste nous intéresse évidemment au plus haut point. Beaucoup de personnes violentes ont deux faces mues par la même énergie. La stratégie de sortie de la situation difficile ne consiste pas à leur demander de renoncer à leur énergie, mais à leur proposer un autre point d'application que la violence et l'agression.

« Qui est le chef ici ? »

Cela est particulièrement vrai dans le cas de la situation que met en scène le film américain *Grand Canyon* de Lawrence Kasdan (1991). Elle m'a inspiré un cas que j'ai longuement analysé, dans un contexte de formation, avec des responsables de la PJJ (la Protection judiciaire de la jeunesse, service du ministère de la Justice) qui ont une certaine expérience en la matière. La situation est la suivante :

Un homme jeune, issu des classes moyennes, a choisi de passer en voiture, à la tombée de la nuit, par un quartier que la plupart des habitants aisés de Los Angeles évitent généralement et connu pour sa dangerosité, South Central. Sa voiture, une Mercedes, tombe en panne au beau milieu du quartier. L'homme appelle un dépanneur et l'attend au volant. Arrive une autre voiture avec cinq jeunes, visiblement membres d'un gang. Ceux-ci flairent la bonne affaire, s'arrêtent et demandent ses clés au conducteur de la Mercedes, bien décidé à la lui voler, soit pour la revendre, soit pour en faire des pièces détachées.

Le dépanneur arrive sur les lieux avec sa camionnette. C'est un vieil homme, en salopette, qui habite aussi le quartier. Malgré la situation qu'il comprend en un clin d'œil, il est bien décidé à faire son travail, c'est-à-dire à dépanner la voiture et à la rendre à son propriétaire légitime contre paiement du temps passé. Il va lui falloir argumenter puisqu'il n'a ni l'envie ni les moyens d'utiliser la force (de plus la police ne risque pas de s'aventurer dans le coin).

Comment va-t-il s'y prendre ? Non seulement il tombe au milieu d'une agression, mais son action va provoquer à coup sûr une agression à son encontre. Il ne faut guère compter sur les cinq jeunes délinquants pour obtempérer à sa demande, car elle les prive d'un gain important et facile, qui leur est déjà tout acquis.

Là encore, les trois séquences habituelles vont s'enchaîner. Le vieil homme doit d'abord contrôler l'émotion et la peur qui le tenaillent. Mais il sait ce qu'il veut : faire son travail, honorer une demande, toucher les vingt dollars que lui rapportera son intervention. C'est une question de principe et il y est attaché.

Le vieil homme s'approche du groupe qui le regarde avec étonnement, puis avec agacement. L'un d'entre eux lui demande d'un ton peu amène ce qu'il fait là. Le vieil homme demande alors : « Qui est le chef ici ? »

Après un temps d'hésitation, l'un des jeunes se détache et lui dit : « C'est moi, qu'est-ce que tu veux ?

— Te parler. »

Et il le prend à part.

Ceux qui sont familiers des situations de violence et d'agression (par exemple les policiers qui interviennent dans le cadre de Police-Secours) savent qu'un groupe est toujours plus violent qu'une personne et que, dans le monde de la violence, il y a toujours des hiérarchies strictes. Mieux vaut parler, comme on dit, au bon Dieu qu'à ses saints. Et mieux vaut parler au bon Dieu en tête à tête.

Cette simple question, « Qui est le chef ici ? », a l'immense mérite d'objectiver la situation, de la pacifier, de la décrire comme elle est. Cela permet de donner un point de départ au dialogue qui est moins marqué par la violence de l'indifférenciation. La reconnaissance d'une hiérarchie, fût-ce dans un gang de voyous, *met un début d'ordre* dans une situation *a priori* difficile. Et l'ordre diminue l'emprise de l'émotion, de la peur et de la violence.

Le vieil homme se demande ensuite comment convaincre le jeune de lui laisser prendre la voiture et de renoncer aux gains prévisibles. Il sait qu'aucun argument « classique » ne peut fonctionner. L'appel à l'honnêteté le laissera de marbre, insister sur la valeur du travail le fera crouler de rire, une tentative de l'associer à la réputation du quartier, « qui y gagnerait », se heurterait à une incompréhension pure et simple, l'évocation de l'autorité paternelle n'a aucune pertinence dans un environnement où la plupart des pères ont fui dès la naissance de leur enfant et où on compte plus de 60 % de « mères célibataires ».

Souvenons-nous : on ne convainc jamais avec les raisons qui nous ont convaincus nous. Seule solution : se mettre à l'écoute de l'autre, trouver la raison qui le convaincra *lui*. C'est cela qui permettra de trouver le bon argument, celui qui porte et qui permet de faire accepter à l'autre son propre point de vue, tout cela non seulement sans violence mais en faisant reculer la violence. Le vieil homme va se lancer dans un dialogue apparemment sans aucun sens, du moins au début.

« Est-ce que c'est toi le chef ?

— Merde, je viens de te le dire, qu'est-ce que tu me veux ?

— Je veux être sûr que c'est bien toi le chef. »

Le jeune homme commence à s'énerver.

« Tu commences à me gonfler grave.

— Parce que si c'est toi le chef...

— Je vais finir par m'énerver.

— Mais si tu es le chef tu as une arme. »

Le jeune lui montre fièrement le pistolet qu'il a coincé dans sa ceinture.

« Oui, mais ça ne veut rien dire. Qu'est-ce qui me prouve que c'est vraiment toi le chef ?

— ...

— Alors tu as le pouvoir de dire à tes hommes de prendre la voiture ?

— C'est comme si c'était fait, mec !

— Mais seulement si tu es le chef.

— Maintenant, ça suffit !

— Donc si tu leur dis que tu laisses la voiture et que je peux partir avec, ils t'obéiront ? »

Le jeune homme réfléchit un instant : « Bien sûr, c'est moi le chef ici. »

Et fièrement, il se retourne et fait un signe aux autres garçons : « Allez on se casse, on a assez traîné ici. »

Un murmure de mécontentement émerge alors du groupe, mais le silence se fait rapidement devant l'attitude menaçante du chef. Au moment où leur voiture redémarre, ce dernier, abaissant la vitre de la portière, jette au vieil homme : « Tu vois bien ! »

Il y a évidemment dans l'attitude du vieil homme une dimension paradoxale, car, à chaque fois que l'émotion de son interlocuteur baisse d'un cran, il relance la machine, en n'hésitant pas à prendre le risque de provoquer une colère violente et dévastatrice. Mais sa stratégie, on le voit bien, consiste à pousser l'autre à donner de vraies preuves qu'il est « le chef ici ». Or le pouvoir ne consiste pas à prendre les décisions que tout le monde attend, mais celles qui sont le plus improbables et qui obligent à forcer encore plus le réel.

La perte financière subie par l'abandon du véhicule volé est peu de chose face au gain symbolique d'être vraiment le chef, c'est-à-dire d'imposer l'impossible à ses hommes.

« Ça, c'est le pouvoir ! »

C'est cette même stratégie que l'industriel allemand Oskar Schindler utilise face au chef nazi Amon Goeth, qui dirige un camp de concentration et qui a pris la terrible habitude de tuer arbitrairement des déportés, avec son fusil à lunette, du haut de sa villa qui domine le camp. Schindler veut le persuader d'arrêter ce massacre. Il ne peut guère faire appel à des arguments humanistes, qui, d'une part, trahiraient sa sympathie pour les victimes (et lui feraient risquer sa vie) et, d'autre part, seraient de toute façon totalement inefficaces face à la folie meurtrière d'Amon Goeth.

Il va donc utiliser le même type de stratégie que le vieil homme de l'exemple précédent. Ayant écouté avec attention Amon Goeth et ayant compris que c'était bien la question du pouvoir, *du plus de pouvoir possible*, qui avait fait de lui le criminel qu'il était, il dirigea tout son effort dans cette direction, pour le convaincre de cesser son agression contre les déportés. Voici le dialogue, extrait du film *La Liste de Schindler*, réalisé par Steven Spielberg en 1993, qui montre comment il y est parvenu, au moins pour un temps.

AMON GOETH (saoul, il vient de se relever à grand-peine et de s'asseoir) : *Plus je vous regarde... je vous observe... Vous n'êtes jamais saoul... Ah, c'est un vrai contrôle de soi... Le contrôle et le pouvoir... Ça c'est le pouvoir...*

OSKAR SCHINDLER : *Et c'est pour cela qu'ils nous craignent ?*

AMON GOETH : *Oui, on a ce foutu pouvoir de tuer... C'est pour cela qu'ils nous craignent...*

OSKAR SCHINDLER : *Ils nous craignent parce que nous avons le pouvoir de tuer arbitrairement... Un homme commet un crime... Il n'aurait pas dû... Nous le faisons tuer et on se sent bien après... Ou nous le tuons nous-même et on se sent encore mieux... Ce n'est pas le pouvoir pourtant... C'est la justice... C'est différent du pouvoir... Le pouvoir, c'est lorsque l'on a toutes les raisons de tuer... et qu'on ne le fait pas...*

AMON GOETH : *Vous croyez que c'est le pouvoir ?*

OSKAR SCHINDLER (il se penche sur Goeth et le regarde droit dans les yeux) : *C'est celui qu'avaient les empereurs... Un homme qui a commis un vol est amené devant l'empereur... Il se jette aux pieds du monarque pour implorer la pitié... Il sait qu'il va mourir... et l'empereur pardonne à cet homme... Ce rebut de l'humanité, il le libère...*

AMON GOETH : *Je crois que vous êtes saoul...*

OSKAR SCHINDLER (pendant la réplique, il cesse de se pencher sur Goeth et ouvre les bras en déployant les mains) : *C'est le pouvoir, Amon... Ça, c'est le pouvoir...*

Ce dialogue, d'une certaine façon, est représentatif, car la plupart des agressions sont fondées sur la recherche d'un pouvoir à exercer. Proposer à l'agresseur de nier cette recherche de pouvoir, de la mettre de côté, ne peut que conduire à l'échec, c'est-à-dire à ce que l'agression ait lieu. Objectiver sa peur et proposer à l'autre une manière d'exercer son pouvoir d'une autre façon, lui permet de l'objectiver à son tour. Cela montre qu'on l'a écouté et que l'on a compris. Cela le rend disponible à une entreprise d'argumentation où l'on peut affirmer son point de vue, pourvu qu'il corresponde aussi au point de vue de l'autre (exercer son pouvoir).

L'idée est évidemment de transformer le pouvoir de l'agresseur en force, ou, pour le dire autrement, de garder toute la force qui est le moteur de ce pouvoir, pour la mettre au service d'une autre action qui, elle, n'engendrera pas de domination. C'est au fond l'équivalent par la parole d'une prise de judo, qui utilise la force de l'adversaire pour lui faire faire autre chose que ce qu'il avait prévu et ainsi parer le coup. L'avantage de l'argumentation, quand on peut la mettre en œuvre dans une situation difficile de ce type, est que, non seulement elle diminue l'impact de l'agression, mais qu'elle a une petite chance de transformer intérieurement l'agresseur. En montrant à Amon Goeth que le pouvoir pouvait être plus que tuer des gens arbitrairement, mais aussi celui de les gracier, Schindler amorce une transformation intérieure, qui, hélas, dans ce cas précis, n'ira pas à son terme, mais quelques jours de souffrance auront été gagnés pour de nombreux prisonniers, ce qui n'est déjà pas si mal pour une simple parole.

Face au tueur en série

Nous arrivons maintenant à un point limite, celui où la parole commence à être sans effet. La figure du « tueur en série » incarne la situation la plus difficile qui soit, celle où ce que l'on a à dire n'est pas même entendu par l'agresseur. Dans la plupart des situations que nous avons examinées jusque-là, l'agresseur n'est jamais en dehors du lien social, même s'il le conjugue à sa manière.

Le tueur en série, hélas, est connu comme celui qui met en œuvre une violence telle qu'elle conduit à instrumentaliser totalement les personnes qui lui sont soumises. La victime est totalement déshumanisée aux yeux de l'assassin et la parole n'a plus aucune place dans le dispositif du meurtre, d'ailleurs souvent silencieux. Le tueur en série pourrait même être décrit, d'une certaine façon, comme celui qui a purgé sa parole de toutes ses potentialités de pacification et de transposition de la violence en mots. Il est dans un au-delà de la parole et donc de l'humanité.

Mais peut-être tout n'est-il pas toujours perdu dans cette situation. Alors qu'il n'aurait laissé aucune chance à ses victimes, assassinées dans des conditions d'inhumanité effroyables, Patrick Allègre, tueur présumé, a laissé partir l'une d'entre elles, Émilie. Un lien de parole se serait renoué et son geste se serait arrêté à mi-chemin. D'après le psychologue Thierry Tournebise[1], qui nous propose l'analyse de nombreuses situations de violence, cette femme, avant qu'il ne commette

1. <http ://w.maieusthesie.com/nouveautes/article/violence_3.htm>.

l'irréparable, lui aurait dit une phrase du genre : « Ça peut arriver », tout en ayant l'air de dire : « Tu sais, je comprends qu'on puisse en arriver là. » Il a pleuré. Il l'a épargnée. Grâce à elle, il a pu être arrêté et cela a permis qu'il n'y ait plus d'autres victimes.

En tout cas, c'est jusqu'au bout qu'il faut tenter d'argumenter, ne serait-ce que pour ne pas faire à l'autre le cadeau de sa peur et lui montrer que l'on n'est pas un objet. La fiction, là encore, nous dit le réel. Voici, pour finir, ce beau commentaire que fait la journaliste Florence Noiville d'un récit romancé de Virginie Lou[1]. Une jeune femme, Sardine, restauratrice d'art, est victime dans son atelier d'une effroyable agression et d'une tentative de meurtre.

> *Ce jour-là, alors qu'elle nettoie le manteau bleu d'une petite vierge de Saint-Omer, la nuit s'abat sur elle. Bâillon, séquestration, insultes, coups, viol, destruction qui n'en finit pas... L'homme, un jeune, vient de la « cité derrière ». C'est un désaxé, un perdu, son âme a quitté son corps, sa bouche aboie des phrases hachées, son langage est aussi mutilé que le corps qu'il menace de déchiqueter. « Éclate à mon oreille une sorte de rire haineux, il repique le couteau à la base du cou et recommence le trajet, du sternum au pubis ; puis de bas en haut, sur la même ligne. Il lui suffirait de peser sur la lame pour ouvrir le corps comme un sac. Je le sens dans cette jouissance folle quand il appuie aux points sensibles, les plus faciles à trouer. [...] Je n'écoute pas ce qu'il*

1. Virginie Lou, *Éloge de la lumière au temps des dinosaures*, Actes Sud, Arles, 1997.

répète, qu'il va me crever, mais chaque fois, dans cette pression accrue de la pointe sur la peau, je crois pressentir l'élan avant le dernier coup. » Ce coup, c'est par la parole que Sardine réussira à le suspendre. Le langage comme rempart à la barbarie. Comme une lumière dans la nuit préhistorique. Pied à pied, Sardine s'oblige à parler, à raisonner, à rassurer. Finalement, elle amadoue son violeur, lequel l'« aimait » en secret, apprend-on. Tout le roman de Virginie Lou peut être lu, en creux, comme une méditation autour du langage, « ce luxe façonné contre la guerre[1] ».

On ne saurait mieux dire.

1. *Le Monde des livres*, 29 août 1997.

7

Comment se préparer à l'action

Pour terminer ce livre, je vous propose d'examiner une question qui n'a pas encore été abordée. Toute méthode implique simplement qu'on ait le temps de l'appliquer. Or les situations difficiles surgissent souvent brutalement et l'on n'a donc pas toujours le temps de la réflexion préalable. Sur la bonne vingtaine de cas que nous avons évoqués, un tiers environ permettent ce délai et les autres appellent une réponse rapide, voire instantanée.

Dans tous les cas de figure, que l'on ait ou non le temps de la réflexion, *mieux vaut être préparé*. Comme nous l'avons vu, une mise en œuvre appropriée des trois ressources que représentent l'objectivation, l'écoute active et l'affirmation argumentée de son point de vue, joue un rôle essentiel dans le dénouement positif des situations difficiles. Que j'aie parlé à cette occasion de « protocole » ne signifie pas qu'il s'agit de principes qu'il faudrait appliquer mécaniquement, ou encore d'une liste de « comportements à adopter » qu'il suffirait de dérouler. Il n'est même pas sûr que, du fait de la complexité des situations humaines, ces trois principes puissent toujours être appliqués successivement.

Trop de manuels nous disent comment faire avec une telle précision qu'il y a peu de chances que nous rencontrions une situation équivalente dans la vie. Très souvent, les situations difficiles auxquelles nous sommes confrontés impliquent que nous réagissions rapidement et mobilisions simultanément ces trois ingrédients, mais il est sûr qu'ils sont toujours présents quand une situation quitte les rails de la violence pour s'aventurer sur les chemins moins programmés du dialogue et de la résolution des conflits.

En lieu et place d'un protocole que l'on pourrait suivre mécaniquement, je vous propose, de façon brève, sept recommandations qui synthétisent ce qui a été dit jusqu'à présent et qui permettent peut-être d'être mieux préparé à faire face à des situations difficiles. Ces recommandations me serviront de conclusion.

Réfléchir aux échecs passés

L'exercice est difficile, car il appelle à la fois de la modestie et le réveil, peut-être, de zones douloureuses de la mémoire Mais il est profitable. Pourquoi ne pas rechercher une situation difficile que l'on a eu à affronter un jour ? Ne me suis-je pas fait rouler par un commerçant trop habile, n'ai-je pas subi une agression contre laquelle je n'ai rien pu faire ? N'ai-je pas été convaincu d'une idée fausse par une pression extérieure ?

L'idée est de l'analyser à l'aide des points de méthode qui ont été présentés. L'idéal est de les aborder le plus objectivement possible. Pour cela, il est nécessaire d'en faire une description, éventuellement de noter les points essentiels, comme si on menait une enquête qui ne nous concernait pas. Il n'est jamais trop tard pour mettre en œuvre un processus d'objectivation, surtout quand c'est l'absence de cette ressource même qui a conduit à l'échec... Il n'est certes pas interdit d'analyser les situations qui ont réussi, mais on apprend peut-être plus de ses échecs que de ses succès.

Observer des situations similaires

Il peut vous arriver d'être témoin ou d'assister à une situation difficile dans laquelle vous n'êtes pas impliqué. Cela peut se passer dans le réel, mais aussi dans la fiction. Le cinéma, la télévision, le roman mettent en scène beaucoup de situations difficiles. Regardez-les d'un autre œil, à travers la grille qui associe l'objectivation, l'écoute et l'argumentation. Vous ferez peut-être d'ailleurs ce curieux constat que beaucoup de mauvaises fictions se reconnaissent au fait qu'elles simplifient à outrance ou qu'elles sautent précisément le moment où se dénoue cette situation. Il est par ailleurs plus facile de représenter l'option de la violence que celle du dénouement pacifique... Les dessins animés que regardent nos enfants à la télévision mettent en scène un monde où pratiquement aucun problème ne se résout par une méthode pacifique. Bref, l'analyse de ces situations dont vous êtes témoin peut être précieuse dans une préparation à affronter soi-même ces situations. Demandez-vous par exemple ce que vous auriez fait dans la situation observée.

Développer une culture de l'intériorité

Vous avez remarqué à quel point la méthode proposée ici faisait régulièrement appel à l'écoute de soi. Savoir reconnaître les prémisses du moment où l'on va sortir de ses gonds contre son propre gré, savoir reconnaître en soi le point de vue qui nous est propre, savoir s'isoler pour un temps de toute influence : toutes ces compétences, qui sont en principe celles de l'homme et de la femme modernes et que connaissaient peu les sociétés traditionnelles, moins individualistes, sont nécessaires pour affronter une situation difficile. Nous manquons d'une culture de l'intériorité et celle-ci passe par un certain renouveau de l'introspection. Réfléchir aux conditions intérieures dans lesquelles est née et s'est calmée une colère que l'on a vécue, est, de ce point de vue, un très bon exercice.

Savoir décrire

L'un des points les plus surprenants de la méthode que je propose, notamment dans la mise en œuvre de l'objectivation, est le rôle que je propose de faire jouer à la description. Souvenez-vous, la femme seule dans son parking qui scrute celui qu'elle rencontre, ou le policier qui fait à haute voix une description de ce qu'il est en train de faire. De quelque côté que l'on se tourne, quand on aborde calmement une situation difficile, c'est qu'on a réussi à mettre en place une description. Celle-ci calme, renseigne, stabilise. Elle est un point d'appui essentiel. La description est le point de transition entre l'objectivation et l'écoute. Qu'est-ce qu'écouter, finalement ? C'est écouter l'autre avec une oreille « descriptive » et, accessoirement, être capable de décrire fidèlement ce qu'il vous dit.

Dans notre époque très subjectiviste, on a un peu oublié les vertus de la description, qui est pourtant synonyme, historiquement, de rationalité, de modernité et de recul de la violence. Réapprenons donc à décrire. Vous voyez une scène étrange, une situation violente, un accident : à côté de l'émotion légitime que l'on ressent, décrivez-la intérieurement. Notez tout si vous voulez vous en souvenir. Savoir décrire est une compétence très utile, et pas uniquement pour affronter des situations difficiles.

Apprendre à mieux argumenter

L'argumentation, nous l'avons vu, est une ressource essentielle, qui fournit un espace de transposition de la violence dans la parole. Pourtant, nulle part on ne nous apprend vraiment à argumenter. Le système scolaire, après une longue période d'oubli, commence à se réveiller, mais bien timidement. Nous manquons d'une culture de l'argumentation. Celle-ci était soudée à la culture classique et la quasi-disparition de cette dernière n'est peut-être pas étrangère à la remontée de la violence sociale. C'est souvent parce qu'il ne sait pas argumenter que quelqu'un devient violent pour obtenir ce qu'il veut.

Plusieurs ouvrages permettent une initiation aux techniques de l'argumentation. Leur lecture ne peut être que profitable, mais là aussi, l'observation, la réflexion sur ses propres pratiques sont précieuses. Comment est-ce que je m'y prends pour convaincre ? Comment font les autres ? Quelle différence y a-t-il entre argumenter et manipuler ? Savoir mieux argumenter dans la vie est un horizon qui concerne chacun d'entre nous.

Si je ne devais retenir qu'un seul principe pour guider dans la pratique de l'argumentation, ce serait celui-ci : on ne convainc jamais avec les raisons qui nous ont convaincus nous-mêmes ! Il est donc nécessaire, quand on veut proposer à quelqu'un de partager une opinion qu'on lui propose, de trouver les raisons qui le convainquent lui. Cela est dix fois plus vrai dans une situation difficile, où l'autre, en général, n'est absolument pas prêt à accepter vos raisons, car il est enfermé dans les siennes.

Ne jamais s'opposer à la force

Se préparer à rencontrer une situation difficile, c'est se préparer au contact, toujours rugueux, avec une force puissante, qui peut être dévastatrice. Nous devons nous défier de la violence, mais pas de la force. Comme je l'ai dit à plusieurs reprises, sortir d'une situation violente ne consiste pas à s'opposer à la force qui est derrière la violence, mais à tenter de proposer à l'autre de trouver un autre point d'application. Cette force, nous l'avons aussi en nous. Elle est également à l'origine de la violence qu'il peut nous arriver de mettre en œuvre.

Apprendre à distinguer en soi toute la force et l'énergie dont nous sommes capables et la violence qui en est trop souvent le débouché est un exercice délicat et complexe mais qui vaut la peine. Non seulement cela nous aide, mais cela nous prépare à affronter ceux qui pourraient être violents avec nous. Car nous voyons ainsi mieux dans leur jeu. Nous voyons bien que, derrière cette violence qu'ils nous jettent à la figure, il y a une force qui pourrait être utilisée positivement. En somme, nous pouvons regarder la situation difficile avec un tout autre regard.

Se préparer psychologiquement

Ma dernière recommandation coule de source, mais elle est la plus difficile à admettre. Notre mouvement naturel est plutôt de fuir comme la peste l'idée même que l'on pourra par exemple un jour être agressé dans la rue, ou au cours d'une discussion familiale apparemment calme. Mais, hélas, selon toute probabilité, la majorité d'entre nous sera confrontée à des situations difficiles, certaines plus graves que d'autres. Pour certains d'entre nous, ces situations se répéteront peut-être. Autant s'y préparer et s'avouer mentalement que cela va nous arriver (et si cela n'arrive pas, je n'aurai de toute façon rien perdu à y penser). Dans ce domaine, à chacun sa recette. Je ne peux ici recommander que le principe.

Bibliographie

ANDRÉ Christophe et Patrick LÉGERON, *La Peur des autres. Trac, timidité et phobie sociale*, Odile Jacob, Paris, 2000.BRETON Philippe, *La Parole manipulée*, La Découverte, Paris, 1999.

– *Éloge de la parole*, La Découverte, Paris, 2003.

– *L'Argumentation dans la communication*, La Découverte, « Repères », Paris, 2003.

DELLA CASA Giovanni, *Galatée*, traduction par Alain Pons, Quai Voltaire, Paris, 1988.

DE ROMILLY, Jacqueline, *La Grèce antique contre la violence*, Éditions de Fallois, Paris, 2000.

ELIAS Norbert, *La Civilisation des mœurs*, Calmann-Lévy, Paris, 1973.

GODARD Marie-Odile, *Rêves et traumatismes, ou la longue nuit des rescapés*, Érès, Toulouse, 2003.

HIRIGOYEN Marie-France, *Le Harcèlement moral*, La Découverte, Paris, 2003.

LEVINAS, Emmanuel, *Difficile liberté*, Albin Michel, Paris, 1976.

LOU Virginie, *Éloge de la lumière au temps des dinosaures*, Actes Sud, Arles, 1997.

MARC AURÈLE, *Pensées pour moi-même*, traduction par M. Meunier, Garnier-Flammarion, Paris, 1964.

MILGRAM Stanley, *Soumission à l'autorité*, Calmann-Lévy, Paris, 1974.

ROSENBERG Marshall B., *Les Mots sont des fenêtres, ou bien ce sont des murs. Initiation à la communication non violente*, La Découverte, Paris, 2002.

SÉMELIN Jacques, « Du combat non violent », *in Le Droit à l'humanité, contre la violence des hommes*, *Autrement*, n° 177, mars 1998.

WATZLAWICK Paul, WEAKLAND John, FISCH Richard, *Changements, paradoxes et psychothérapie*, Seuil, Paris, 1975.

ZELDIN Theodore, *De la conversation. Comment parler peut changer votre vie*, Fayard, Paris, 1999.

TABLE DES MATIÈRES

Impression réalisée par

CPI
Brodard & Taupin

51393 – La Flèche (Sarthe), le 24-02-2009
Dépôt légal : septembre 2006
Suite du premier tirage : février 2009

POCKET – 12, avenue d'Italie - 75627 Paris cedex 13

Imprimé en France